华章经典 · 金融投资

证券混沌操作法

股票、期货及外汇交易的低风险获利指南

TRADING CHAOS

Maximize Profits with Proven Technical Techniques

|典藏版|

［美］比尔·威廉斯　贾丝廷·格雷戈里-威廉斯　著　王柯　译

机械工业出版社
China Machine Press

图书在版编目（CIP）数据

证券混沌操作法：股票、期货及外汇交易的低风险获利指南（典藏版）/（美）比尔·威廉斯（Bill Williams），（美）贾丝廷·格雷戈里-威廉斯（Justine Gregory-Williams）著；王柯译 . —北京：机械工业出版社，2018.8（2020.6 重印）

（华章经典·金融投资）

书名原文：Trading Chaos: Maximize Profits with Proven Technical Techniques

ISBN 978-7-111-60546-1

I. 证… II. ① 比… ② 贾… ③ 王… III. 混沌理论 – 应用 – 证券投资 IV. F830.91

中国版本图书馆 CIP 数据核字（2018）第 162063 号

本书版权登记号：图字 01-2013-0610

Bill Williams, Justine Gregory-Williams. Trading Chaos: Maximize Profits with Proven Technical Techniques.

ISBN 978-1-047-14630-86

Copyright © 2004 by Justine Gregory-Williams and Bill Williams.

证券混沌操作法
股票、期货及外汇交易的低风险获利指南（典藏版）

出版发行：机械工业出版社（北京市西城区百万庄大街 22 号　邮政编码：100037）

责任编辑：孟宪勐　　　　　　　　　　　　　　责任校对：殷　虹

印　　刷：大厂回族自治县益利印刷有限公司　　版　　次：2020 年 6 月第 1 版第 4 次印刷

开　　本：170mm×230mm　1/16　　　　　　　印　　张：16.5

书　　号：ISBN 978-7-111-60546-1　　　　　　定　　价：59.00 元

凡购本书，如有缺页、倒页、脱页，由本社发行部调换

客服热线：（010）68995261　88361066　　　　投稿热线：（010）88379007

购书热线：（010）68326294　88379649　68995259　　读者信箱：hzjg@hzbook.com

版权所有 · 侵权必究

封底无防伪标均为盗版

本书法律顾问：北京大成律师事务所　韩光 / 邹晓东

我在 1959 年开始从事交易，当时我在南佛罗里达大学商学院任教。我之所以对交易感兴趣是受到一位同事的影响，他是会计学教授，我们两人的办公室在同一楼层。每天我都会跑到他那里，看看他做哪些交易，然后在我的账户上复制他的操作。我们两人通过交易赚到的钱，远远超过我们的薪水。吉姆（这位会计学教授）清楚地知道自己在做什么，我则"假装"知道自己在做什么。

到 1980 年，我已经有了 21 年的交易经验，而且没有任何一个季度出现亏损，因此我决定专心当一位全职交易者。然而事情很快出现变化，亏损开始浮现，而且我无力控制账户出现的赤字。在全职交易的头一个月里，我花费了 6000 美元订阅各种交易资讯和分析报告，但这些信息对我的交易毫无帮助。最初几年里，我每周都花不少时间阅读各种资讯，但最终我决定把这些分析报告都丢进垃圾桶，因为它们几乎彻底摧毁了我的交易账户。有趣的是，从此之后，情况慢慢好转。现在，只剩下我和走势图。我告诉自己，如果我的财务飞机要坠毁的话，至少也应由我驾驶。我绝对不希望因为别人的建议而破产。我希望只凭着自己的想法在市场上拼搏，无论最终结果如何，我都不希望受到别人的影响。

1987 年，我开始与其他一些个人交易者分享我的交易经验。从 1989 年开始，我陆续受邀到全球 16 个不同的国家授课，讲解我们的交易方法。此外，我还开始举办一些私教课程，我们将我们的组织命名为创利交易集团（Profitunity Trading Group，PTG）。所谓的"创利"代表着将机会转化为盈利。我们的 PTG 集团目前继续蓬勃发展，已经在全世界范围内为超过 2000 位个人交易者或投资者提供了交易指导。

非常幸运的是，我最小的女儿也对金融交易充满兴趣。她目前管理着 PTG 集团（总部在加利福尼亚州圣迭戈市）的日常业务，同时她也是本书的合著者。我们两人目前仍然积极从事交易。我们的生活方式或财务状况都远远超出我们所能梦想的程度。

有句老话说得好，通过教学你可以学习两次。我们的经历也证明了这一点。我们花费很多时间和精力分析市场、进行交易并传授给其他交易者相关知识，在整个过程中我们也学习和领悟了一些新的东西。我们将我们的经验总结、提炼并最终形成文字，这就是我们在 1995 年出版的第一本书《证券混沌操作法》的第 1 版，这本书曾在亚马逊网上书店畅销书排名榜上位列第一。第二本书是 1998 年出版的《证券交易新空间》，该书也受到广大读者的追捧。现在，随着市场的变化和我们自身经验的增长，我们觉得有必要对一些知识进行更新，与大家分享一些更为有效的交易技巧。此前两本书介绍的方法仍然有效，仍可以为交易者带来盈利，但本书介绍的新方法更为准确，更具盈利保障。此前的两本书已经被翻译成多国文字，例如：中文、俄文、意大利文、德文、日文和法文等。

我们的学员遍及世界各地，其中包括全球最大商品交易所的副总裁、俄罗斯央行的副行长和一位来自新汉普郡的 17 岁的餐厅服务员——他慢慢储蓄每小时 7 美元的微薄薪资，用以支付我们私教课的费用。我们提到这些

事实，主要为了说明，我们超过 45 年的市场交易经验是我们交易成功的
保障。

现在，我们准备与大家一同分享我们最新的研究成果。

商品交易顾问（CTA） 比尔·威廉斯博士

如果在 15 年前有人问我以后会从事什么职业,我绝不会回答写作和金融交易。但是现在写作和金融交易已经渗入我的血液,我无法想象自己会从事其他职业。

虽然从小对交易就耳濡目染,但我从来没想过成为专业交易者。我一向不喜欢数学,事实上,我有些害怕数学,因此我决定去上美容美发学校,用自己的方式"接受高等教育"。我选择了这条远离交易的路,因为金融交易与数学息息相关,至少我这么认为。

我作为美发师工作了一段时间,接受了 7 年的专业教育,经常变更主修的方向,因为我不确定自己的兴趣到底在哪里。几年后,我又进入护理学院。我知道自己希望踏入能给其他人提供帮助的服务性行业。取得护理学位之后,我发现自己有时对于那些我想帮助的人会有些力不从心。护理学是一个很狭小的领域,我自己在这方面的一些工作并不符合我的期望。根据医院的管理规定,我知道自己要获得更高的学位才能找到更好的工作。

在几年的迷茫与徘徊之后,我决定搬回家住,重新回到学校,当时我已经 28 岁。从那时开始,我到父亲的办公室打工。第一个学期结束时,我趁着假期在市场上进行交易,同时帮助父亲做一些交易者培训方面的工作。结果在新学期开始的时候,我决定不再注册入学。意外吗?

现在已经过去了 10 年,与著名乐队 U2 歌曲所唱的正相反,我"已经找到"我想要的,同时有能力创造自己的财富和快乐。除此之外,这项工作还有一个好处,即我可以和大家分享我父亲传授给我的知识,以及我个人的交易经验,进而帮助其他交易者达成他们的目标。我希望阅读本书后,交易者能理解"自由"的力量并释放自己的能量。所有你梦想的、追逐的,市场都会给你答案。祝你心想事成,万事如意。

贾丝廷·格雷戈里－威廉斯

| 致　谢 |

　　这些年有很多人给予我们无私的帮助，否则我们现在可能还在手工绘图，或根本不会使用电子邮件。这些人包括：

　　Doug Forman 为我们和客户提供电脑的软件支持。Doug 是本公司自有软件"投资者之梦"（Investor's Dream）的开发者和负责人，同时本书中的所有图形也是由他提供的。由于他本身就是成功的交易者，因此他非常了解交易者的需求。

　　CQG 公司的 Melody Baker 长久以来一直为我们提供所需的资讯，她是一位非常优秀的客户服务专家。

　　Georgina Perez 对我们来说就是"另一位母亲"，她永远信任我们。如果没有你的爱、祈祷与信赖，我们不可能走到今天。我们非常感谢你，也深爱着你。你也许都想不到你对我们每个人来说有多重要。

　　感谢 Chris Myers，Jaye Abbate 和所有交易者图书馆（Trader's Library）工作人员的支持和鼓励，没有你们的协助，本书不可能完成。

　　感谢 Pamela Van Giessen 对我们交易方法的信赖。她深信我们的理念，并指导我们完成 3 本书的写作。如果没有她的协助，这些书根本不可能问世。

最后，我们还要感谢我的妻子（和母亲）艾伦。虽然她并没有在本书正文中写下一句话，但我们写的每个单词都离不开她的贡献。艾伦，你实在太棒了，我们大家都爱你。

x

引　语

除非我们改变方向，否则我们最有可能到达我们朝向的目标。

——中国谚语

如果我们从事交易的目的是获得财富，也许我们应该先仔细考虑一下金钱到底是什么？获得财富的第一步是理解财富的内涵和真谛。到底什么是财富的成因？我们可以从金钱这个切入点开始进行进一步的探讨。

首先，金钱不是具体的事物。金钱只是一种交换时的媒介——法定货币。如果金钱代表价值，那么它应该是能量或价值自身波动的物理学表现。但事实上，金钱的价值并不会随着"外在"物质的变化而变化，而是根据"内在"的变化（人们对它的认定）而变化。人类赋予了金钱不同的价值。例如，我有一支手杖，在流通市场上这支手杖可能只值 2 美元，但对我来说，这支手杖是无价之宝，因为这是我一位失明的叔叔的遗物。这位叔叔是我童年时代唯一的男性亲属。即便有人出 10 000 美元，我也不愿意将这支手杖出售，虽然它的市场价值并不高。因此，这支手杖对我的价值是由我和它之间的关系所决定，而不是其市场价值。

所以金钱本身并不具有太多价值，它的价值是由**我们**决定的。物质本身都没有金钱价值，其价值是人类赋予的。这也是为什么昨天市价高达 100 万美元的房子或股票，只因为人们对未来感到恐慌，今天的价值就只有原先的一半了。

仔细想想，金钱的物理价值也不能代表它的实际价值。据估计，大约只有不到 4% 的金钱是以货币形式存放在银行的，这样可以节省大量空间，面额为 1 美元的 100 万美元纸币，总重量就高达 1 吨，叠起来高度有 361 英尺[⊖]。萨达姆在掠夺巴格达的中央银行时，动用 3 辆大卡车才得以运送价值 50 亿美元的纸钞，而且都是百元大钞。货币的发行数量再也不受黄金储备的限制了，金本位制度在 20 世纪 70 年代时就被废除了。

人们花费大量时间和精力追逐的金钱究竟是什么？事实上，它是一个巨大的错觉。金钱只是电脑屏幕中或账面上制定针对某人或某机构的一些数据。从

⊖　1 英尺 =0.3048 米。

另一个角度来看，每100美元（这里我们仅以美元举例）中，市面上大约只流通着4美元的纸钞或硬币，剩余的96美元只是账面上或电脑中的记录而已。这种错觉为什么能持续至今呢？那是因为人们都愿意相信它。可是20世纪30年代的经济危机爆发，那时人们不能从银行提取到现金，于是人们就不再相信它了。虽然挤兑并不是造成经济危机的原因，但挤兑引发的恐慌情绪蔓延，至少加速了情况的恶化。

如果金钱不是真实的，那么它究竟是什么呢？金钱只是其他事物的影子。专注于影子（钞票）显然不是明智之举，对于银行账户或交易也没有什么益处。比较合理的做法是关注自己或其他人的实际价值，观察价值在人与人之间的转化或流动。钞票之所以具有价值，完全是建立在我们的内在价值之上。如果能学会观察他人或自身内在价值的变化，就能把握那些其他人难以察觉的机会。

请注意，虽然金钱的确代表一个人内在价值的一部分，但它并不是一个人内在价值的全部。金钱只是从某个角度展现了每个人的内在价值。否则，富豪都应该拥有最高价值，但事实显然不是如此。富豪并不是在每个方面都比穷人强，然而就获得财富方面，富豪的内在价值的确高于普通人。每个人都可以通过锻炼提高这方面的能力。你可以自行选择是否锻炼这种能力。一旦你做出了决定，就不应该让任何人或事阻碍你。

所有能保证你在金融市场交易成功的条件你都已经拥有，都在你心灵的深处。或许你并不记得，但它们一直存在。务必牢记，金钱并非真实，它只是其他事物的影子。你已经是一位成功的交易者，否则你就不会穿着得体，言语清晰，同时能理解我现在所说的话。你已经很富有，只是没有在日常生活中表现出来。一旦你的内心深处认识到这一点，你就能掌握这种将意识转化为财富的能力。每天都会有一些看似偶然的好事出现。现在你不是在阅读本书吗，为什么呢？

另外，不只纸钞不是真实的，一些你所珍爱的事物也不是真实的。你将踏上一段美丽、刺激和解放的旅程，并将因此而眼界大开，彻底了解投资交易的世界。我们将深入探索投资交易的最深层领域。一旦你拥有这方面的经验，想不成功都难。即使在生活的其他领域，你也很可能因本书而受益匪浅。列车即将启动，我们邀请大家赶快上车。

本书对你来说有多少价值呢？或许是每周 10 000 美元、每月 40 000 美元，或每年 50 万美元。正确运用本书讲解的技巧，我们家族已经在市场中赚取了数以百万的财富。各位读者没有理由不获得同样的成果。

真理始于知识，知识就是力量。你们能否在市场中成功取决于你们能否正确使用本书的知识和技巧。正确的知识和理解的价值不能用金钱衡量。本书的目标就是让各位交易者在正确使用本书技巧的前提下成为市场赢家。

本书第一部分将讨论交易者或投资者本身的内在结构，探讨哪些因素将决定我们是否成功。了解汽车的结构，绝对有助于你的驾驶。当问题或错误开始浮现时，你可以及早发现，立刻解决，不至于让问题恶化到足以造成严重损害的程度。随后我们探讨了金融市场的构造和运行方式。我们也用一些篇幅介绍了各种交易或投资理念，你个人的心态往往会决定最终的交易结果。

欢迎来到你崭新交易生涯的第一天

知道失败的原因，可以使你脱离失败的泥潭。本书不仅说明了大多数交易者亏损的原因，同时也阐述了如何将物理学和心理学的一些最新研究成果运用于交易之中。我们都清楚地认识到，当今的市场已经不同于往日。在 20 世纪 90 年代的大牛市之中，交易或投资都相对简单。可是，现今的金融市场和世界局势已经发生重大改变。如果在 21 世纪还沿用 20 世纪的交易策略，失败不可避免。

买进一只股票并长期持有数年（甚至到退休），这个交易策略已经不能再带来良好收益。数百万美国人的养老金账户净值不断地缩水，原因是某些股票的价值在不断下跌。现在人们希望用一个更为灵活的方法来管理他们自己的投资。长期投资策略已经变得不可靠、不安全。利率水平明显偏低，许多投资者都认为他们必须采取更积极的措施，来规划他们的未来或退休后的生活。有很多人在这段时间失业，他们只能依靠失业救济过活，其中有些人还必须抚养下一代。那些已经领了退休金的人，也希望能更灵活地运用手中的资金。那些在"婴儿潮"期间出生的人现在踏入了退休的年龄，他们希望寻找更有效的投资方法来对抗通胀甚至让自己的资金增长。现在有很多人都希望学习一些更短期、更安全的投资方法。本书的受众人群不仅是交易新人，还包括那些有经验的市场老手。本书希望达到的目标有如下几个。

- 相关内容适用于当今所有市场（股票、债券、期权、期货或股指）。
- 教导交易新手或老手如何使用本书的方法来预测、识别、应对即将出现的牛市或熊市。
- 根据市场实际状况决定是进行短线交易还是长期投资。我们将这种方法称为**交易 / 投资**。换言之，采用短线交易策略设定入场和出场点，但如果市场允许，则进行长线投资。
- 探索交易 / 投资的最深层心理因素，说明如何在不影响日常生活品质的前提下面对盈亏。
- 简化和提炼本书第 1 版中的内容，如果交易者愿意进行逆势交易，其盈利往往能扩大一倍。
- 相对于第 1 版书出版时（1995 年）的市场状况，在当今的市况下，本书的交易方法更适用，获利能力更强。

　　总之，我们认为在进入 21 世纪之后，本书介绍的方法更为适用。我们的交易结果可以证明这一点。2002 年对大多数交易者都不是适合交易的一年（基本上各个市场都是熊市），但这一年却是我们过去 45 年交易中获利最为丰厚的一年。大体上来说，2002 年全球的市场都是熊市，我们并没有做空任何一只股票或任何一种商品（为了试验我们的交易方法），即便如此，我们在这一年仍获得了满意的回报。因此，我们对我们交易系统的微调很成功。在最近几次的研讨会上，我们和大家分享了这些新的交易技巧，也得到了积极的正面反馈。

　　现在，请各位做一次深呼吸，准备学习我们提供的资料。这些资料不同于以往的其他资料，它建立在非线性动力学和混沌科学的基础上。《易经》的三爻就被解释为"混沌——伟大梦想开始的地方"。

　　　　重大的发展得以成形之前，都会遇到困难。一个人有重大作为之前，经常会遭遇磨难（混沌）。植物的种子要历经困难才得以萌芽，最终长成大树，所以我们要有面对困难的决心，才能让梦想成真。

　　《易经》也提出了所谓的"蝴蝶效应"（也是混沌理论的一个概念），即初始条件的一点微不足道的变化，会对后续结果造成巨大的影响，并且这个过程会继续持续下去。将这一理念应用于交易 / 投资就是，如果基本的观念出现细微的变化，最后的结果可能截然不同。我们推荐的第一个观念的变化就是：

不要相信市场专家！

　　乍看之下，这个建议似乎有些牵强，但是随着阅读的深入，你就会渐渐地体会到其中的真谛。请记住，那些金融评论家也许还没有你更了解市场，他们的酬劳是按字数计算，而准确性并不重要。如果他们的确精通市场或交易，那么为什么他们自己不交易呢？通过交易，他们能够赚到远比稿酬多得多的报酬。

在超过45年的交易生涯中，我没有发现一个专家了解他们自己在做什么（或许我应该说得保守一些，只有很少数专家是称职的），也包括经纪人。如果经纪人真的懂得如何交易，谁又愿意做经纪人呢？经纪人并不是一份好工作。每个人对经纪人都不满意，客户抱怨不能赚钱，老板抱怨业绩不好。请注意一个简单的事实，经纪商是靠着销售股票、债券或期货合约来赚钱的。他们的生活完全依赖于你的交易行为。请注意有多少著名的经纪商已经或正在法庭上为自己的利润奋斗。

我们（创利交易集团）相信自己已经训练了一批成功率最高的交易者，他们目前在世界各地独立从事交易或投资，当然他们所采用的正是本书推荐的交易方法。

我们的交易方法

金融交易也许是你能想象的最佳生活方式。你是自我的主宰，同时也独自承担相关的责任，因为你不能把自己的失败归咎于他人。同样，如果你在交易中取得成功，除了自己，你也无须感谢任何人，你没有欠任何人的恩惠。你不需要迎合任何人，政治立场这个词语在你的交易词典中并不存在。我的妻子艾伦在某个杂志的一篇文章中，曾经把金融交易描述为"沿着生命的刀锋滑行"，非常刺激、使人振奋同时也能带来丰厚的回报。因此交易是一种简单悠闲的生活方式，你可以享受努力工作的成果。

然而普通交易者往往都很紧张，容易焦虑，时常会觉得筋疲力尽，甚至有时怀疑自己为何走上这条路。很多交易者都认为交易是一种精神压力很大的职业。下面是一些我们收到的常见问题：

- 怎样才能让我享受交易，同时还能通过交易获利？

- 交易带给我的只有失望（亏损），为什么我还沉溺于其中？
- 在这个激烈的市场中，我（或我爱的人）怎么样才能保持内心的平静？
- 在这种充满（亏损）危险的氛围中，我怎么能不担心呢？
- 为什么这么多交易者总是亏损呢？
- 市场中有许多人叫卖着所谓的"圣杯"，为什么这些所谓的"圣杯"没有一个能长期有效呢？
- 我的经纪人提供的投资建议为什么总是不准呢？
- 我在报纸上读到一些令人羡慕的交易方法，可为什么我按照这些方法交易时总是亏损呢？

对很多人来说，当他们盈利时，他们总有一种莫名的担心，害怕下一笔交易会出现亏损。他们竭尽全力想控制现在或将来，他们的潜意识仍寻找着重现过去的方法。

他们渴望在交易时能更放松一些、更平静一点，最好能掌控交易，同时还能享受交易过程带来的刺激感。对大多数交易者来说，这种生活就像是不可能实现的美梦。交易的快乐已经不复存在，生活充满压力。他们徒劳地尝试过许多方法：投资咨询热线、分析报告、心理学书籍或私教课程。他们对于市场的热情已经几乎被耗尽。显然这里出现了严重的问题，但问题究竟在哪儿呢？

那些已经和我们一起工作过的交易者都已经了解，我们的知识基本上来自自身的经验。虽然我们也许听从其他交易者的各种建议或得到诸多帮助，有时也使用其他市场分析师的技术分析手段，但最终的决策都是由我们自行做出。无论交易结果是什么，我们都应该仔细审视自己内心中的挣扎。经过多年的交易和研究，我想我们已经创造了当今最成功的交易方法。乔治·索罗斯（George Soros）是公认的业界巨擘之一，他曾经提出以七位数的美元交换我们研究材料的独家使用权，但我不能再向其他人展示相关材料，也不能再利用这

种方法进行交易。显然，他认为我们的交易方法有不菲的价值。但是，相对于
这套交易策略所能创造的财富，七位数的美元只是个小数目而已。

我们的一位学员曾把我们的交易／投资方法描述为：与市场共舞。

> 随着市场的韵律舞动，
> 前后左右尽情挥洒，
> 感受到和谐、信任和感恩，
> 甚至还有爱。

要想充分体会跳舞的乐趣，要想真正跳好舞，就不能遵循任何事先计划好
的程序，必须随着音乐起舞。换言之，舞池（市场）是一个你觉得舒服，能够
放松，让你觉得和善的地方。这个结论不仅源于自身经验，还有超过2000位
接受过我们培训的独立交易者可以佐证。任何敌意或非友善的感觉，都是源于
我们自己，而非源于市场。

在"与市场共舞"这个问题上，我们进行了深入研究，一旦任何一个交易
者领会了我们主张的交易／投资方法，就立刻理解了如何与市场共舞。古代佛
教有一句偈语："人生的道路是平坦的，你为什么要在自己的面前扔石块呢？"
我们也往往如此对待市场。显然在充满石块的路上跳舞并不是一件美妙的事
情，但我们所有的人，都时不时地在自己前行的路上扔石块。因此，我们必须
先清除这些石块，让交易的道路变得更平坦，更愉悦，更有获利潜力，也更
丰硕。

首先，我们要了解市场究竟如何运作？为什么大多数交易者总是亏损？仔
细阅读本书，然后自行评估本书介绍的方法是否符合你的个性。成为一位成功
交易者的最难之处是改变或放弃你对世界或市场既有的错误观念。我们是交易
者、实干家，不是纸上谈兵的金融作家。因此我们希望能给交易者带来正确的

资讯和认知，让大家成为持续稳定盈利的市场赢家。

交易者可以登录我们的网站 www.profitunity.com 查询各种交易和学习方面的新信息，也可以下载功能强大的交易软件，其中包含一些练习资料供交易者自行检验自己对交易方法的掌握程度。我们的交易方法适用于各种市场，如股票、债券、商品、期权或股指。

过去的一二十年来，学员们从我们的方法中学习到：

- 充满自信，在机会出现时毫不犹豫地进行交易；
- 一种建立自信的方法和一致性的信念；
- 有效的交易执行力，并能认清自己的错误；
- 不再亏损的能力。

我们将此称为"超自然交易/投资"方法。所谓的"超"是指结果超出我们的想象，所谓的"自然"是指我们交易的基础是市场本质、自然之道。对那些希望学习交易的人，以及那些已经有了交易经验但还未能做到稳定盈利的交易者来说，我们这份材料是一本成功交易指南。这套方法适用于那些不想再被圈养而想翱翔于天空的巨鹰，那些希望能够主宰自己的头脑和自己掌控交易的交易者。

本书的大多数读者花费了大量时间和精力有意识地（注意这个词"有意识"）去战胜市场。也许他们应该将意识层面抛开，试试其他的方法，这也正是本书的内容。

本书讨论的内容是独家的，在其他书籍中均没有被提及。其他的交易书籍会告诉你如何使用随机指标、震荡指标及其他交易指标或系统，但它们的内容没有牵涉如何在交易时控制自己的心态。如果你愿意学习，让我们现在就开始！第2章的内容是混沌理论，说明了为什么这是最佳的市场行为和交易管理工具。所以，准备好开始踏上学习交易盈利之路吧！

在学习了第 2 章之后，我们建立了一个坚实的心理基础，有了这个基础后我们能够使用正确的交易策略，在任何市场中这都能给我们带来稳定和丰厚的利润。

市场是混沌的产物，是在交易者不稳定的心理烈焰上煨着的热汤。

第 1 章

市场就是你认为的东西

没有真实，只有感知

　　文字是有分量的，一小滴墨水一旦像露水般落在一种思想上，就会产生使千万人思索的东西。

——诗人拜伦

目　标

理解市场的真正运作方式以及绝大多数交易者持续亏损的原因。

* * *

数年前，我到科罗拉多州的博尔德市参加一个研讨会。刚由印度来到美国的木塔那达（Muktananda）阁下[⊖]也是与会者之一。木塔那达阁下是一位非常风趣的人，他不喜欢说教，只讲故事，通过故事来讲解他的观点，一位来自科罗拉多大学身着藏红色长袍的翻译全程陪同着他。木塔那达阁下认为无法流利地说英语，丝毫不会妨碍，甚至有助于他在美国成为一位大师。他以下面的故事作为他的讲座的开始。

有一位印度学生，他希望成为一位真正的智者。于是他离开家去寻找一位足以点化他的大师。他到了一位大师的住处，请求大师指点

⊖ 原文中是 swami，这是一种印度教中常用的敬称，一般用来称呼大师、哲人。中文中一般将其翻译为阁下。——译者注

他如何成为智者。这位大师说道："成为智者其实很简单。你需要做的就是立即回家，然后每天晚上坐在一面镜子前30分钟，同时不断地问自己同一个问题，这个问题就是，'我是谁？我是谁？'仅此而已。"

这位学生回答道："这样就行？不会这么简单吧？"

"是的，就是这么简单，"这位大师回答说，"如果你还想听取其他的建议，这条街上还住着几位大师，你可以去向他们请教。"

"非常感谢您，大师，"这位学生说道，"我打算继续向其他的大师请教。"

这位学生来到第二位大师的住处，提出同样的问题："我如何才能成为一位智者呢？"

第二位大师说道："这非常困难，而且需要相当长的时间，事实上，你必须随同修行所内的其他学员一样从事沙哇（sava）工作，沙哇的意思就是无私奉献，也就是说你必须要无偿工作。"

这个学生十分高兴，这位大师的哲学比较接近他自己对于如何成为智者的看法。他听说成为智者之前，必须要历经艰难的磨炼。这位大师告诉这位学生，修行所内目前只剩下清洗牛栏的工作。如果这位学生真的想学习成为智者，大师允许他去铲牛粪，并负责清洗牛栏的工作。这位学生欣然接受，并认定自己已经踏上了成为智者的正确道路。

这位学生每天不断地铲牛粪，并清洗牛栏，经过了漫长的5年之后，他逐渐失去了耐性，当然也有些失望。于是，他向大师请教："尊贵的老师，我已经忠诚地为您服务了5年，每天清洗修行所内最污浊的地方，我不曾休息一天，也从未抱怨过。您认为现在是不是指点我成为智者的时候了？"

大师回答道："当然，我相信你已经做好准备了。现在，我告诉你想成为智者应当怎么做。你需要做的就是立即回家，然后每天晚上坐在一面镜子前 30 分钟，并不断地问自己同一个问题，这个问题就是'我是谁？我是谁'，这样就可以了。"

这位学生觉得很讶异："对不起，尊贵的老师，但这条街道上的另一位大师在 5 年前就告诉我同样的方法了。"

"嗯，那位大师说得没错。"大师回答说。

"那么为什么我铲了 5 年的牛粪？"学生继续问道。

"因为愚笨，这就是原因。"大师回答说。

在和交易者相处时，我会时常回想起这段故事。在训练交易者的过程中，我面对的第一个问题就是，如何说服他们相信这样一个理念：在交易中获利实际上是一件非常简单的事。请注意：我说的是"简单"，而不是"容易"。原理简单和容易做到这是两个截然不同的概念。

每天晚上用 30 分钟的时间望着镜子，这是很简单的。但是一遍遍地重复问自己同样的问题，并且诚实地回答，这并不是一件容易做到的事。身为心理学家，我认为人类天生就有两种倾向：① 对于我们所接触的任何事物，我们通常会将它**过度复杂化**；② 基于这个原因，我们往往不能看到事物最明显的一面。

对于大多数交易者／投资者而言，市场是一种危险且不可信赖的野兽。他们的座右铭是：不能相信它。在它搞定你之前，你要先想办法搞定它。他们将市场看作一个"人吃人"的世界，其他的交易者都是疯狗。这并不是看待市场的正确观点。

1.1 所有市场的简单性

市场的特性并不是神秘不可知或难以预测。任何市场的主要功能是将现有或未来的某种商品以一定的价格（相对于某种特定的数量）分配给最希望得到这种商品的人。几乎在生命中的每一分钟你都在从事交易。当你真正地理解市场的基本结构之后，在市场交易中获利会变得更为简单。为了能更简明地诠释这一点，我们来看一看卡通动画《摩登原始人》（Flintstones）的例子。动画的主角是弗雷德·弗林斯通（Fred Flintstone），他是一位粗犷、外向的人，他的邻居邦尼（Barney）则较为内向。弗雷德自认为很有男子气概，他喜欢外出猎取恐龙。有一天，他猎杀了一只大恐龙，但他的冰箱里已经堆满了恐龙肉。邦尼不喜欢外出打猎，但他喜欢吃恐龙肉汉堡。大多数时间，邦尼喜欢坐在后院把树枝修整成木棍，弗雷德则懒得花时间做修整木棍这样细致的工作。

有一天，弗雷德散步时来到邦尼的小院，突然脑子中出现了一个想法，为什么不拿几盘恐龙肉与邦尼交换他刚刚做完的木棍呢？于是，他对邦尼说："邦尼，我用两盘恐龙肉交换你这支新木棍，你觉得怎么样？"邦尼回答说："好啊，成交！"

弗雷德和邦尼刚刚的行为就构成了一个市场。**就是这么简单！**弗雷德和邦尼双方都认为他们想要的比他们所拥有的更具有价值。对邦尼来说，恐龙肉汉堡要比他做的木棍更为重要（更具有价值），对弗雷德来讲，木棍要比恐龙肉更为重要（更具有价值）。

在你上次买车的时候，对你来说，你认为汽车的价值要超过你所支付的金钱的价值。然而，对于汽车的销售者来说，这笔金钱的价值要超过汽车对于他的价值。因此，当你们双方达成一致时，你和汽车销售

> 所有的市场，都是由一群对于同一商品的价值有着不同的看法，但在价格上达成一致的人所创造的。

商就共同创造了一个小型的市场。我们买入债券的原因是我们宁愿持有债券而不愿持有购买债券所付出的金钱。我们幻想着（交易是一种幻想游戏，这一点我们在稍后会详细介绍）相对于金钱，我们购买的债券的价值将增加。我们从

某个或某些不知名的交易者手中购买了这些债券，他们也一样坚信（幻想）着，只不过他们坚信着债券（相对于金钱）的价值会减少。我们两方对于当前和未来价值的观点截然相反，但我们两方对于当前价格的观点却是一致的。

世界上的每一个市场，都是被设计为，将某一特定数量的某种商品（无论是股票、农产品、外汇，还是恐龙肉、木棍等其他商品），分配给最想得到它们的人。这一点如何在市场中实现呢？市场"寻找或界定"出某一个**特定的价格**，在这一价格上，**买方需求与卖方供给之间的力量达到绝对的平衡**。

无论是在股票、商品、债券、外汇市场还是在期权交易市场，无论是公开喊价的方式还是电脑撮合竞价的方式，这种特定价格被界定的过程都在瞬间完成。远远在你、我或者是场内交易员所能察觉到市场中的不均衡现象之前，市场就已经找到了均衡价格。如果前面的场景属实（事实也的确如此），则我们可以对市场表达信息的方式进行总结并归纳出一些简单而重要的结论，并且应当毫不怀疑地接受这些结论。

1.2　我们承诺告诉你真理，但真理有时并不美丽

认识到失败的原因将会使你逃脱失败的泥潭。本书不仅告诉你为什么大多数人在市场中总是亏损，也将会从物理学和心理学两个角度为你介绍基于各种不同的金融市场和人类思维模式进行大量研究后所得出的最新研究成果。

也许你和所有其他投资者／交易者一样，都梦想着在市场中获得成功。然而，在你面对错综复杂的市场进行交易时，总会感到无所适从、束手无策。

一致性获利法（profitunity）将从根本上改变这一切。一致性获利法也许正是你梦想、祈求的"圣杯"。如果你想逃离不断亏损的泥潭，我们的这套交易方法正是你所需要的。这套交易方法会彻底地改变你未来的交易生涯，它将消除你在市场认知上的思维误区，并使你真正地认识到市场运动的真实规律。以

下是一些市场的基本真相，我们称之为五大市场铁律，深刻地理解这些市场真相对于想要成长为持续稳定盈利的交易者来说是必不可少的。

交易的很多要素都会使你感到困惑，例如各种不同的股票或商品期货品种、电子撮合交易系统、交易指令的快速执行以及无时无刻地盯盘，这造成了只有不到 10% 的交易者能做到持续稳定盈利。超过 90% 的失败率说明了交易并不像交易大师承诺的那样，大部分交易者，也许你也是其中之一，沉溺在亏损的海洋之中。

现在让我们静下心来，清空你脑中原有的交易理念，开始学习五大市场铁律。这些新的理念在初学阶段可能会和你原先的理念相左，但随着学习的深入，你会越来越理解这些理念。请记住，对于大多数交易者来说，他们的交易结果并不能使他们满意。这种现象一定有可以改进的方法，实际上也的确如此，我们将针对五个一般情况下被视为神圣不可侵犯的市场"真相"提出反驳，然后引导交易者在市场获利。我们首先要做的就是将这些误区从我们的思维定式和交易心理中抹除。

1.2.1 市场铁律 1：不要轻信市场专家

请记住，那些所谓的财经评论家对市场的了解并不比你深刻。他们通过所写的文字获得酬劳，内容正确性与他们的酬劳并没有直接关联。正如我们之前提到的，如果他们真的了解市场，他们通过实际交易赚取的金钱，要远远比写关于交易类文章所能赚取的多得多。

大家思考一下：为什么这些市场分析家或市场评论家不展示自己的实际交易或投资纪录？这是否有可能是因为他们没有在市场中盈利的能力呢？如果他们真的非常擅长交易，应该会迫不及待地向我们炫耀他们的成果。

有些疯狂，不是吗？也许你多年来一直都信奉那些所谓市场专家的建议，而这些实际上的陈词滥调已经让超过 90% 的交易者被市场埋葬。如果你继续听取他们的意见，难道不是在增加自己失败的概率吗？你必须找到其他的方法改变这一切，否则你的交易结果只会越来越糟。

1.2.2　市场铁律 2：没有所谓的一致看涨或看跌

没错，电视中的经济频道和各种财经类报纸，甚至你的经纪商，都在给你灌输这种错误的概念，市场中有所谓的一致看涨或看跌。然而，让我们仔细来审视一下，如果市场正常运行（实际上也的确如此），那么市场的首要工作就是不让市场中的多头或空头中的任何一方占据优势。那些提供多空双方数据的人，通过询问一部分交易者，并通过统计方法得出自己的结论。事实上，他们统计的只是一部分的数据，只是那些在场外观望的交易者的数据，因为已经入场的交易者已经表明了他们的立场，市场中价格的波动就代表了他们对市场的观点。举例来说，如果有报告宣称债券市场中存在 75% 的看多（看涨）倾向，这只能代表他们没有将所有持有看空倾向的交易者纳入统计之中。市场中的多空双方的占比永远是 50%：50%，任何一方都不可能达到哪怕是 50.01%，因为这种不平衡的出现势必会瞬间造成价格波动，这种价格的波动将瞬间消除这种不平衡。请牢记，市场的首要任务就是**瞬间界定一个特定价格，在这个价格上多空双方对于价值的观点不同，而对于价格的观点相同**，简言之，多空双方的力量比在这一处达到均衡。

1.2.3　市场铁律 3：不存在超买或超卖

既然市场中不存在所谓的一致看涨或看跌，即使一些分析家在财经频道或其他经济节目中，大谈特谈超买和超卖，并说有震荡指标可以对这一现象进行跟踪，所谓的超买和超卖也无从说起。实际上市场被设计为，或者更为贴切地说，从功能上，市场会在毫秒间消除超买或超卖现象，这一切都发生在交易者在屏幕上看到这一现象之前，那么我们怎么可能捕捉到超买超卖的信息呢？

1.2.4　市场铁律 4：大部分资金管理原则是无效的

如果你阅读过关于资金管理的文章，你一定见到过一些无效的资金管理原则，例如"无论何时，当你买入一份债券时，你必须立刻设一个 500 美元的止损"。有时，我们也会看到，"利用一个 25% 的移动止损"来最大化你的盈利。好好想一下。当你听从这条建议时，你只是在看着自己的银行账户和钱包进行交易，而这两者都与真正的市场走势没有丝毫关联。我们大多数人都有这样的经历，相对于根据市场实际走势设定止损，这种固定金额的止损模式在大多数情况下总会使我们的盈利缩水，市场不会按照我们设定的金额运行。这种保守的思想源于恐惧，在金融市场中，恐惧不会带来盈利。只有与市场保持同步，积极地调整自己的策略和心态，我们才能持续稳定盈利。

1.2.5　市场铁律 5：常见的操作策略通常无效

让我们来检视交易者普遍持有的另一个错误观点。经常被提及的两个盈利规则是：① 低买高卖；② 顺势操作你才会盈利。这两种方法显然矛盾。如果你想低买或高卖，这就是在逆势操作。如果你顺势操作，你就不可能低买或高卖。一个正确的操作策略应该告诉交易者在什么时候应采用哪种方法。有些时候最好逆势交易，有些时候则最好跟随趋势。选择用哪种方法是由市场自身所决定的，市场会告诉我们该怎么做。如果我们没有听从市场的教导，盲目交易，市场也会告诉我们哪里出了差错，该怎样去纠正错误，从而重新回到可以持续盈利的模式。

1.3　理解、态度、科技和混沌

理解五大市场铁律之后，我们更为赞同马克·吐温说过的一句话："我越来越不在意什么东西是如此，而越来越在意不相信什么东西不是如此。"当我们开始消除这些错误的概念时，我们就开始接近市场的真实面目。当交易建立在其真实性基础之上而不是别人的想象中时，交易就会变成一个可盈利的职业。

沃伦·巴菲特——可能是我们这个行星上最好的交易者，富于表现力地解释了知道什么是交易及了解交易运作方式的必要性，他把交易比作扑克牌游戏："假使你玩了 20 分钟扑克牌之后还不知道今天谁一定会掏钱，那么今天你就要掏钱。"换句话说，如果你玩了 20 分钟扑克牌后还不知道谁一定会输，那么你就一定会输。本书一个目的就是提高你的交易能力，使你在交易中不会被市场"赢钱"。

交易中有风险，日常生活中也有风险，比如在你开车时就有巨大的风险。在一些高速公路上，你的车与反向驶过的车之间只有几英尺的距离。几英尺的突然偏离会导致致命的正面碰撞。你每次开车都是用生命在冒险。然而你每天都在开车并且温和地面对危险。原因是：**你已经了解**如何驾驶车辆并有着**丰富的经验**。

对于交易有了足够的认识和经验后，市场并不比在星期天开车更危险。为了驾驶的安全，你必须有非常熟悉的交通工具，在需要修理时有恰当的工具和正确的态度。这就是本书所希望表达的，对于恰当工具我们需要有着正确的认知，并培养正确的态度。我们将其称为"态度工具"。

科学的宗旨是为文明提供正确的工具和解释，来繁荣和推进知识的发展。传统科学创造了汽车、工厂、航空和航天飞行器、计算机和许多其他先进技术，却在两个关键领域里无能为力：① 生命系统；② 混沌系统。经典物理学可以描述（假定的）自大爆炸以后宇宙每纳秒的演变情况，但它不能解释左心室的血液流动、河的湍流或玉米的抽穗。如果把市场进行科学归纳，那么它就是一个生命系统（人类）在湍流（市场）中工作。

人们都记得 20 世纪物理学的 3 个革命性发展：相对论、量子力学、混沌理论。爱因斯坦给我们留下了一个常量——光速。量子力学却颠覆了这一概念；如今，混沌学改变着我们的整个世界观。

在由我们不断演化和发展中的大脑所决定的蹩脚的逻辑下，我们开发了一整套数学理论。这些逻辑使我们不曾探索其他一些浩瀚的领域，也使我们无法对许多自然现象进行解释。

最近，混沌学和非线性动力学开始兴起，为我们开启了一扇崭新的窗口。"混沌"是一个不恰当的名称，因为混沌实际上是指更高层次或不同维度的秩序。若要学习更多的混沌学知识，以及它在市场上对我们活动的影响，请看《证券混沌操作法》第 1 版的第 3 章和我们出版的第 2 本书《证券交易新空间》的第 2 章。

总的来说，目前的交易教学方法，对绝大多数交易者来说并不适用，这套方法并不能保证他们在市场持续稳定获利。原有的分析或交易理念与当今的市场并不兼容。本书将为交易者展示混沌学和非线性动力学的最新发现，以及如何运用它们限定、管理交易或投资账户，从而使交易变得更为简单，减少交易者的困惑并最终使交易者达到在市场中持续稳定盈利的目标。

1.4 市场思想：事实或观点

思想统治着市场。但是，有两种不同的思想影响着市场：**事实**和**观点**。这两者产生的效果截然不同。

从定义上来讲，所谓的事实，是客观的，它影响着每一位交易者 / 投资者，无论他们从事哪一类的交易（股票、商品期货、期权或债券等）。实际上，客观事实的数量并不多。你是活着的，这是客观事实。其他的客观事实还包括生、死、万有引力、电磁学或地球，当然还有市场。事实是客观存在的东西，它会影响每一个人。无论你是否入市交易，市场都一直客观存在。实际上，事实都是不可改变的。你可以"消灭"一个事实（例如拆除移动房屋），你可以制造一个事实（例如制造汽车或飞机），但是你不能改变事实本身。

例如，渡渡鸟已经灭绝了。它不再是一个事实。它曾经存在的这个记录是事实，但是渡渡鸟不是。所以事实可以被操控或消除，但是它不能被改变。

然而，最能影响市场和你自身的因素是你的**观点**，或者说是所谓的**信念**。观点是主观的，是关于某些客观事实的主观看法，与事实不同，观点只会影响到某段时间的某些人。然而，它们具有非常大的影响力，因为你的那些对于市场和市场运动的观点会影响你的交易方式、交易行为以及你看待自己交易成果的方式。观点与事实最大的区别就在于，观点是可以被改变的。随着观点的改变，你的交易成果也会随之发生改变。

令大多数交易员感到困扰的是，他们总是不能分辨出观点和事实之间的差异。他们倾向于把自己的观点当作市场发生的客观事实，而不是关于客观事实的主观观点。下面是一些典型的观点，但对于一些交易员来说，它们常常被误认为是客观事实：

- 交易就是一种折磨；
- 胜利是因为幸运；
- 我无力对抗场内交易员；
- 没有人能持续稳定盈利；
- 市场总在想方设法和我作对；

- 这是一个人吃人的市场；
- 我的经纪商总在欺骗我。

接下来我们从以上观点中提取这些事实。

- 交易是；
- 胜利是；
- 我是；
- 没有人；
- 市场是；
- 它是；
- 我的经纪商。

这些条目就是事实。你往它们身上添加的任何东西都是你的观点。观点可以是积极的，也可以是消极的。无论是哪一种，你的观点总是决定了你的市场经历。观点就好像是一副有色眼镜，而你通过这幅眼镜来观察市场和交易。它们只允许你用一种特定方式来看待事情。这些眼镜会阻止任何与你观点不符的信息进入你的视野，对于外界传入的信息（混沌），你的观点会指引并且限制着你的理解和回应。如果这些观点对你有帮助，这当然很好。但是，如果你对于交易的现状及结果并不满意，这就意味着你需要调整镜片了。同时，好的消息是，观点并不意味着事实。你可以选择（在某种程度上）你的观点，如果你的观点没有给你带来期待的结果，你也可以选择放弃你原有的观点。

1.4.1 你的观点来自哪里

所有观点都来源于：出生。从你出生的那一刻起，你就开始体验生活，试图理解发生在你周围的一切。婴儿并不只是一大团会移动的骨肉，婴儿的感知能力要比大部分人想象的要强得多。研究报告显示，刚出生 60 秒的婴儿就能够模仿，并对大人的面部表情给予回应。随着你慢慢长大，你不断地试图去了解这个世界，根据自己已有的经验做出选择或决定。一旦你做出了一个暂时性的决定，你会不自觉地去寻找答案，主动去证明你的决定是"正确的"。

在这一点上，父母对你的帮助是最大的。你观察他们，观察他们的反应，倾听他们的言语，然后利用这些资料拟定或确定你的决策。对于他们的各种反应，有些你会接受，从而学习，有些你会抗拒。某些以"抗伤害"小孩为研究对象的心理学研究非常有趣。这些小孩从小生活在混乱的、有精神分裂症的、神经病的环境中。他们的父母、兄弟姐妹都有精神病，他们却没有受到其他家庭成员的思想与行为的影响。他们并不是天生就优于那些在同样环境下成长的孩子，他们只是在面对生活、面对他们自己的时候，做出了不一样的决定。在成长过程中，你不断地听取亲朋、好友、长辈的建议，不断地做出决定。

一旦你认定自己对某种经验的理解或解释是正确的，观点就生成了。从那时起，你就会倾向于把任何新进信息（混沌的）嵌入设定好的模式中。你会通过极具创意的方式，对新的信息进行编辑，甚至扭曲，避免自己看到真正的事实。你今天所做的大部分关于市场的决定，很多都是源自孩提时期所做过的决策，除非你愿意改变，否则这些观点可能会贯穿你的一生。

假设有两位交易者买了同样的一只股票或者商品，同时市场的走势开始不利于他们。一位交易者认为这是一个悲剧，他做的决定永远都是错误的。如果继续下去，他会破产。他确信自己之前的观点是正确的，那就是这个世界不可预测，你必须要非常非常小心，因为它的确是一个人吃人的世界（市场）。而第二位交易者则相反，他重新审视自己入场交易的原因，重新评估各种事实和指标，意识到事实上他的确有能力在市场中盈利，并制订各种计划来确保不会再次陷入同样的境地。透过两套不同的滤镜，同样的原始经验产生了两种完全不同的行为准则。

如何解释你在市场中获得的经验，往往是由你自己决定的，因为你对生活的决策左右着你的思想、你的想象力、你的情绪和你的行为，你对市场的态度就像一块磁铁那样吸引着好或不好的交易，市场上存在着很多的盈利可能性，你所经历的都是由你的观点导致的。

1.4.2 交易结果反映着你对市场的看法

对于某些人来说，他们很难理解"你自身就是你在市场，尤其是社会中成功的来源"，尤其是这个社会总是倾向于传达"生活就是总有一些事发生在你的身上"这样一种思想，但是成功人士总是与众不同，他们坚信自己可以掌控生活，而不是等待着生活来掌控他们。

这就是你应面对的事实。如果你在市场上亏损了，就说明你自身所持有的观点导致了你的亏损，如果你健康状况不佳，就说明你的观点导致你的健康发生问题。外在的生活是内在心灵的反映。这些论据都有着充分的科学依据，请参阅琳内·麦克塔格特（Lynne McTagger）的新书《疗愈场：宇宙神秘力量的探寻》（*The Field: The Quest for the Secret Force of the Universe*）。

这里只是我们关于信念体系所做研究访问的一部分，受访者认为金钱总是给她的生活带来困扰。通过一系列询问的过程我们发现她关于金钱的基本观点是：

金钱就是时间。

然后下一步当然是探寻她对时间的看法，她的看法是：

时间是有限的。

这两种观点在她的大脑里产生了下面的逻辑结果：时间是有限的，而金钱就是时间，因此金钱是有限的，所以无论我怎样努力尝试或者无论我学多少东西，我永远不会有足够的金钱。

我们对于生活（市场）的基本观点决定了我们的行为，虽然这位女士在市场交易时所做的决策都是以盈利为目标的，但她在市场交易的最终结果只能是亏损。世界上没有任何系统或方法可以让这位女士成为市场赢家。在她的"资料库"，也就是她的意识中，根本不存在任何可以获利的方法。幸运的是，这段故事最后还是圆满结尾，因为她改变了自己对于金钱和时间的观点，她仍使用与原先相同的交易策略，不过在改变观点后，她成了赢家。

让我们来看另一个例子，这个例子说明了不同的观点可能会导致相同的结果。某个人对于生活持有下列三个基本观点：

你总能得到你应当得到的。

我是好人。

金钱是不好的。

最后得出：我应当得到好的东西，所以我不应该得到金钱。

这听起来似乎很好笑，但事实上这个观点不但毁掉了他自己的生活，也毁掉了他的妻子和儿女的生活。如果我们将上述的第二项和第三项概念改为"我是坏人"和"金钱是好的"，最终得到的结论也是一样的。

请记住，苹果是由苹果的种子生长成的，但种子并不是产生苹果的**推动力**。产生苹果的推动力，是一种持续追求圆满成就的欲望。持续追求圆满成就的欲望，也可以创造成功的交易者/投资者。

· 结 语 ·

市场是简单的。**市场可以很快、很高效地界定出或找出多空双方价值观点不一致，而价格观点一致的均衡点。**

每个交易初学者都面临两大难题。首先，大多数交易者（90%）都使用错误的逻辑图。其次，截至目前，还没有任何持续、有效并符合当前市场的交易方法，可以使交易者与市场完美结合。

在第 2 章中，我们将探讨混沌学和非线性系统，并一同学习如何将这些新兴科学运用到交易和投资领域之中。

混沌理论
交易新思维

众所周知，心脏的运动必须是规律性的，否则会导致死亡。但大脑的运动必须是不规律的，否则会导致癫痫。这表明不规律性，即混沌，造成了一种更为复杂的系统。它并不是混乱、无秩序的。正相反，我认为**混沌是生命和智慧存在的前提**。大脑的运动不是僵化的，即使是最小的影响也会导致一组新秩序的生成。

——伊利亚·普里高津（Ilya Prigogine）

目　标

了解混沌理论和分形几何学。

＊　＊　＊

英文单词 paradigm（典范，范式） 来源于古希腊语的 paradeigma，词义是"典型，样式或形态，模式"。亚当·史密斯在他的著作《心灵的力量》（ *Powers of the Mind* ）一书中，将其定义为"一组共同的假定"。史密斯在书中继续写道："典范、范式是一种我们感知世界的方法，如同鱼和水。范式向我们阐释了世界，并帮助我们预测其行为。"

社会的范式决定了我们的行为和价值观。医学的范式决定了我们对于我们身体构造的了解。我们对于市场范式的理解决定了，同时也限制了我们和市场之间的互动。

⊖　Paradigm，范式是 T. 库恩用以阐释科学革命的一个重要概念，是解释或显示事物如何产生的一种模型。——译者注

范式是我们观察世界的过滤器，是我们观察到的"真实"。正因如此，我们很少注意到它，更少会去质疑它。我们每个人的范式决定了我们所认定的"真实"和我们对于世界的设想。我们不会去仔细考虑这些假定，我们是在根据这些假定进行思考。

我们从未直接看到世界，我们看到的只是经过我们本身范式过滤后的世界。我们从未能了解世界的全部，我们只看到了世界的一部分。同样的事情也发生在我们面对市场时。我们从未看到整体的市场，我们看到的只是局部。我们的心理框架会引导我们只看到世界中（或市场中）符合我们范式的那一面。

在我们接收新的信息时，范式也会起过滤作用，并进一步地加强我们已存在的范式（信念系统和心理体系）。因此市场就像科罗拉多大峡谷一样，无论你向其喊些什么，都会被峡谷反射回来。世界就是你本人范式的"回声"。

关于范式的这个观点会让我们不禁思考，是否存在着固定且客观的宇宙或市场。正如物体在红外线、日光或 X 光下一样，我们所认为的"真实事物（或市场）"实际上只是我们对它的感知，而不一定是真正客观的事物。

亚当·史密斯指出："当我们身处在一种范式中，我们很难会去设想另外一种范式。"举例来说，假设我们处在 1968 年，需要对 20 世纪 80 年代世界钟表业的龙头做预测，你会怎么回答？瑞士。因为长久以来瑞士一直是这片领域中的领导者。但是，范式发生了改变，电子表逐渐取代了机械表。由于日本人认识到了范式的改变，从而渐渐开始执世界钟表业的牛耳。相反，固守于原先范式的瑞士人在 1968 年逐渐失去了 90% 的市场份额，在 20 世纪 80 年代，瑞士表的市场占有率甚至低于 10%（具有讽刺意味的是，最早发明了石英表的正是瑞士人）。每当范式发生改变，所有原先的规则也都会随之改变。在一个错误的范式中，即便人们采取了正确的措施最终也还是于事无补。

我们个人的范式决定了我们对于信息的处理和反应。在连续经历了 10 次的亏损交易和连续10次的盈利交易之后，你的感觉或你观察市场的范式，一定有很大不同。下面的故事说明了我们的范式是如何迅速和彻底地发生改变的。

　　故事的主角是一位好莱坞明星。每个周末他都会去山上的小屋放松。他通常会驾驶着敞篷的保时捷在通往山上小屋的山间土路上飞驰，享受着快速通过弯道的刺激感。他沿途很少会遇见人，因为这座山中的休闲小屋并不多，遇见人的概率当然更小。

　　某个星期五的下午，他如同往常一样驾车行驶在山路上，突然一辆车迎面冲入他的车道。在他的右面是陡峭的山崖，他无法向右避让。因此他急忙刹车，惊险地避开了即将发生的迎面碰撞。

　　另一辆车也是辆敞篷车。驾驶者是位女士，她猛踩油门，从他停着的保时捷旁驶过，同时对他大声喊："猪！"这令他十分迷惑，他在自己的车道中行驶，并没有占据其他车道，毫无疑问这不可能是他的错。他扭过头对着扬长而去的女司机大声喊道："母猪！！！"

　　他怒火中烧，使劲踩下油门，急速驶入弯道。在转弯之后，冲进了一群堵在道路中间的猪群之中。

　　现在，他对那位女司机刚刚的动机和行为的观点发生了180度的转变。他此前的反应并不是因为那位女士的言语，而是来源于他自身的范式。

　　我们在观察分析市场时采用的特定范式决定了我们对市场的认知和可能采取的行为。在我们观察世界、金融市场和我们本身的行为时，混沌理论给我们提供了一种全新的、更为适合的观察角度。

　　下面让我们来进一步了解一下这种新的范式，看看如何通过使用这种新范式对市场行为进行更为准确的解析。

2.1　混沌理论和我们的个人世界

我们对一些最重要的问题或工具的命名常常是错误或并不恰当的。例如，我们将左脑称为"有意识"的，或自觉的，但事实上大脑的其他部分持续不间断地运行，左脑是大脑中唯一一会进入"无意识"或睡眠阶段的部分。同样，物理学家选择使用"混沌"这个词，来命名一种研究复杂非线性动态系统的新科学，这也会给我们的理解带来一定程度的困惑。

混沌理论并不意味着混乱无秩序，或随机。正相反，混沌理论是一种更高级别的秩序，在混沌理论中，占主导地位的不是原先牛顿和欧几里得学说中传统的因果关系，而是随机和刺激。自然界和人类的大脑都是混沌的，市场一方面是自然界的一部分，另一方面又是人类行为的一种反映，因此市场也是混沌的。现在我们认识到我们受到的传统教育给交易者带来了一种错误的影响和逻辑映射。无论是傅里叶变换、正交函数、回归算法、人工智能、神经网络或遗传算法等诸如此类的复杂的线性数学方法，都会给交易者在一个非线性的市场中不可避免地带来误导。市场是混沌理论的鉴赏家。

> 人类根据经验总结出的正态分布是取自自然科学的一种最广义的通则。它作为一种工具在金融市场、物理学、社会科学、医学、农学以及工程学中被广泛应用。在分析和阐释基于观察而收集的基本数据时，它是不可或缺的工具。

上面的表述代表了高斯分布或正态分布曲线○，它在一定程度上解释了随机性。然而，在试图正确解析纷杂的市场时，仅仅以它为指导是远远不够的。正如诺贝尔奖得主瓦西里·里昂惕夫（Wassily Leontief）○曾说过的，"在所有的

○ 高斯分布或正态分布，包括下段中的钟形曲线是指多数数据聚集在钟形的隆起处的平均值附近，两边的较低部分数据较少。这是统计学中常见的一种图表。——译者注

○ 俄裔美国经济学家，1973 年诺贝尔经济学奖得主。——译者注

实证调查领域内，没有任何统计工具被如此普遍而深入地运用，而不计其结果如何"。

商品和股票的价格走势并不符合这类钟形模型。然而，令人惊讶的是，它们确实呈现某种类似海岸线或河床的结构。位于纽约约克城洼地的 IBM 研究中心的伯努瓦·曼德勃罗（Benoit Mandelbrot）博士⊖研究了大量的棉花价格资料。他致力于找出自然界与人类行为之间的共同点。他发现，根据正态分布角度产生偏差的数字，按比例缩放后（从转换测量单位的角度）却给出了对称。"价格的每个特定变动具有随机性和不可预测性。然而，这个变化所组成的数列与测量比例的缩放（测量单位的转换）无关，每日的价格变化曲线与每月的价格变化曲线具有一致性。令人难以置信的是，曼德勃罗博士的分析显示，变动的程度在为期 60 年的极为动荡的调查期间内保持恒定，即使在此期间发生过两次世界大战与一次经济大萧条。"

混沌并不是新生事物，它早在时间与人类出现之前就一直存在。我们并不是混沌的创造者而是混沌的产物。混沌是我们处在当前的原因，也将带领我们走向未来。甚至于我们的大脑也是如此，一部分（左脑）追求稳定，另一部分（右脑）追求混沌。无论是我们自己，还是我们的身体、性格及所有其他一切都是在稳定与混沌之间一步步进行演变。

混沌是一切的基石，阴与阳、黑与白、这里与那里、这时与那时，甚至我们自身的进化或发展，这些都是基于混沌而演化的。在市场中，它是震荡与趋势。在交易者的行为中，它是盈利与亏损。它是睡眠与清醒、播种与收获。

图 2-1 为我们展示了，水流由线性流动转为非线性甚至是混乱流动的转变过程。在图 2-1a 中，水流的流动非常稳定，具有可预测性。图 2-1b 中的水流逐渐加速流动，在岩石背后开始出现湍流。此时有更多的水流注入（通过雨水

⊖ 美国数学家、经济学家，分形理论的创始人。——译者注

与地心引力注入更多的能量），于是水流的流动变得更加湍急混乱，其可预测性也越来越低，如图 2-1c 和图 2-1d 所示。

我们的脑部根据流入能量的不同也会呈现出不同的行为。有时它相当稳定，类似图 2-1a 中的水流。当我们在市场中进行交易时，它通常处于混乱的状态，类似图 2-1d 中的水流。

自从亚里士多德的时代以来，我们花费了大量的时间学习和运用我们大脑中稳定（线性）的部分，即我们的左脑。但我们却忽略我们的右脑，就是具有混沌性（非线性）的那部分。根据我们目前形成的局限于线性的逻辑映射图，真实应存在于稳定或永恒不变的知识中。因此当我们需要创造一种应对和使用混沌理论策略时，原先的线性逻辑并不能为我们提供太多帮助。

图 2-1　秩序到混沌

根据非线性逻辑，显而易见，稳定仅仅是暂时的，混沌才是永恒不变的。自从 20 世纪 80 年代早期以来，数以百万计的资金被投入混沌概念的研究之中，人们试图找出市场运行的真相，并利用这一认知获利。这一研究使人们进一步了解了混沌理论，以及多数交易者与市场之间的相互作用关系。我们的研究证实，我们大脑中的混沌现象会被反映在市场之中。交易者与市场双方都是混沌与稳定的集合体。普里高津曾写道："大脑是混沌的产物，它就像一锅滚烫的热汤，在日常生活这个不均匀的火焰上煨着。"

稳定与混沌也被表述为线性与非线性行为，而不论这项行为的对象是生长、制造、再生或仅仅是思考而已。如果我们按照我们左脑的规划来创造世界，我们会有笔直的河流、圆形的云朵以及圆锥形的山峰。然而，自然界中还有其他力量。我们的自然界起源于非线性。人类所创造的产物，例如语言，源于我们的左脑，所以它们具有数位与线性的特性。如果我们以创造语言的同样方式来创造交易系统，就如语言无法准确解释自然界一样，线性的交易系统也无法成功地解释市场，更无法让我们从中获利。请谨记，混沌才是我们处在当下的原因，混沌也将带我们前往我们所希望去的地方。

2.2 分形几何学

混沌理论绝不仅仅代表一种新的交易技术。它是一种全新的观察世界的方法。事实上，这种世界观存在于人类所记载的历史之前，但在 20 世纪 80 年代中期之前，我们缺乏必要的大型计算机和其他相关设备来进行演算，所以无法在数学与函数的基础上来应对和解析这种世界观。混沌理论是第一个以严谨的数学方法，将复杂形式（生命与非生命体）和混乱无序流动模型化的理论。

分形几何学是研究混沌理论的一项工具，它从欧几里得几何学与线性数学的角度来进行混沌现象的研究。

分形分析为无数研究领域带来了革命性的发展，例如：气象学、地质学、医学、金融市场以及形而上学。这项新的研究视角将深刻影响每一个人的未来。分形分析是一种突破性的全新范式，与量子力学和相对论一起完善了自伽利略以来的现代科学体系。

虽然经典物理学可以通过建模来模型化说明自宇宙大爆炸开始时的千分之一秒至当前的宇宙演变过程，却无法模拟人类血液流过左心室的那一秒钟。经典物理学可以模型化说明物质的结构，从最小的亚原子夸克到巨型的星系团，却无法模型化说明云朵的形状、植物的结构、河水的流动或股票市场中的阴谋。

根据当今的科学体系，我们可以使用线性数学与欧几里得几何学来进行模型化运算，然而，在面对非线性混乱和生物系统时，我们的科学体系就稍显不足。简单地说，非线性效应出现在原因与结果之间出现非必然的复杂对应时。在牛顿的学说中，原因与结果之间存在必然对应的关系，在欧几里得几何学说中，所有的形状都具有平滑而规则的特性。显然，这两种学说都无法用来解释市场的行为。

欧几里得几何学中的平滑的表面、纯粹的空间⊖以及完美的柱形、锥形与直角，它们都充满了美感，甚至使人感到平和与舒适。然而，它们却无法真实地描述我们居住的世界和交易的市场，繁杂和参差不齐才是世界和市场的真实面目。

在这个被欧几里得和牛顿的学说主导的世界里，我们进一步发展了参数统计学和正态分布曲线即钟形曲线为代表的线性数学。在这种方法中，为了便于理解，我们将一些非本质性的，或者说不重要的因素进行简化甚至忽略。请注意，这里的关键词是**非本质性的**或不重要的。现实中，虽然这些被排除的"不重要的"因素，与欧几里得几何学的规范有一定的偏差，但这并不代表它们是无足轻重的，恰恰相反，它们代表了这些系统的本质特征。通过从规范中抽离出这些不重要的偏差（现在被称为**分形**），我们将能够看到能量和行为背后的真正根本结构。

伯努瓦·曼德勃罗是第一位创造了"分形"这个词的学者，他曾经说道：

> 几何学为何经常被认为是枯燥乏味和晦涩难懂的？原因之一是它无法描绘云朵、山峰、海岸线以及树木的形状。云朵不是球形，山峰不是锥形，海岸线不是圆形，树皮并不平滑，闪电也不是按直线传播的……自然界呈现的并不只是较高程度的复杂性，而且拥有截然不同

⊖ 原文为 the empty space 这里指在欧几里得几何学中，空间被理想化。除面对的对象外，空间内没有掺杂其他物质。——译者注

层次的复杂度。在实际应用上，自然界图形的长度，在不同标度下的数值都是无限的[⊖]。这些图形模式的存在，激励着我们去探索那些被欧几里得搁置在一边，被认定为是"毫无形状可言"的形状，去研究"无定形"的形态学。然而数学家蔑视这种挑战，故意不断回避自然界，并想出种种与我们能看到或感觉到的任何东西都无关的理论。

曼德勃罗与其他许多科学家，诸如普里高津、费根鲍姆、巴恩斯利、斯梅尔以及埃农[⊜]，他们都利用这种方法研究生命体与非生命体的行为，并且取得了重大的成就。他们发现，与过去人们普遍认定的不一致，在两股相互冲突力量的边界并不会产生混沌现象，而会自然产生一种较高等级的自我组织。另外，这种自我组织的结构不同于欧几里得与牛顿的系统，而是一种新的组织形态。它并不是一种静态的组织，而是被内嵌入运动与成长的结构。从闪电到金融市场，似乎所有事物都具有这种现象。

这种新的内部结构出现的位置，恰恰是过去被视为是随机而加以排除的。现在已经可以用更精确的数学方法预测混沌开始的阶段（以及其时间与强度）。

上述发现为我们证实了，秩序存在于混沌中，混沌是秩序的来源。为了更好地了解这种观点的改变，我们将讨论线性分析上的一个典型问题。随后我们开始学习如何在交易中运用这种新方法。

2.2.1 如何测量海岸线的长度

英国科学家刘易斯 F. 理查德森（Lewis F. Richardson）首先提出这个问题：如何测量海岸线或任意国家边境线的长度？曼德勃罗最终解答了这个问题。乍

⊖ 曼德勃罗曾论证：任何海岸线在一定意义上都是无限长的。数值结果应当依赖于物体对观测者的相对关系。这就是他在书籍中提出的分形理论，详细内容见下文。希望进一步了解的读者可以参看他的著作《大自然的分形几何学》中的科赫（Koch）雪花模型。——译者注

⊜ Henon 中文应译为埃农，著名的 Henon 系统的创始者。——译者注

看之下，这似乎并不是一个多么聪明的问题，但事实上它对于欧几里得几何学
提出了严重的质疑：欧几里得几何学是否可以用来准确地测量某种特定种类的
测量目标或特定的市场？

假定你被指派去测量佛罗里达州海岸线的长度。你的老板希望得到一个
非常精确的答案，并给你一个 10 英尺长的直尺。于是，你沿着海岸线进行测
量，在完成测量工作后计算出你的结果。然后你的老板突然认为 10 英尺长的直
尺会造成太大的误差。因此他又给你一把码尺并要求你重新测量。于是你再次
测量，这次的测量结果远大于先前的结果。如果你采用 1 英尺的尺子按原先的
步骤测量，最后将得出更大的测量结果。假定你使用更小尺寸（例如 1 英寸⊖）
的尺子，重新进行测量，你得到的结果将更大。随着你的测量单位越来越小，
你的测量结果将越来越大，并最终趋向无穷。测量的单位越小，答案将越精
确。海岸线代表了这一类在有限空间中具有无限长度的物体。

海岸线的长度对于欧几里得几何学是一种不可被测量量化的量。如果佛罗
里达州具有欧几里得几何学中的平滑形状，则其海岸线的长度将必然有一个固
定的答案。但事实上几乎所有自然界都具有不规则的形状，我们无法用传统测
量方法对它们进行测量。

曼德勃罗发明了一种新的测量方法用于测量这类不规则的自然物体或自然
系统。他将其命名为分形，或更准确地称为分形维度，简称为分维。分形维度
是一种结构或系统的粗糙或不规则度。曼德勃罗发现，对于一个不规则物体，
无论我们将其放大多少倍，其分形维度（其不规则程度）始终保持不变。换言
之，在所有的不规则性中都存在这种规则性。一般而言，在我们认定某一事件
为随机时，这往往表明了我们并不了解这种随机性结构。相对于金融市场而
言，相同的形态应存在于任意的时间周期内。在一分钟图表和月线图表中，可

⊖　1 英寸 =0.0254 米。

以出现相同的分形结构。在商品期货走势图与股票价格走势图中发现的"自相似性"进一步说明了市场的行为更接近于自然界的范式，而并不是像我们之前认定的是一种简单的受经济情况、基本面状况所影响的机械性或技术性的线性结构。

曼德勃罗收集了棉花价格的长期图表，在图表囊括的期间内发生了两次世界大战、干旱、洪水以及其他自然灾害，然而他发现棉花价格长期走势图的分形数字与密西西比河的分形数字间存在很高的相似性。这项发现的重要性不言而喻。这意味着，市场是自然的非线性函数，而不是经典物理学中的线性函数。这就是90%使用技术分析的交易者会持续亏损的部分原因。这不仅是因为技术分析采用"未来将如同过去"的错误假设，而且也因为它以线性技术来进行市场分析。

正如欧几里得几何学的分析方法无法精确地测量佛罗里达海岸线的长度一样，它也无法用来精确地分析市场的行为。心脏的生物电活动符合分形结构，人体的免疫系统也是同样，人类的支气管、肺、肝、肾以及循环系统都符合分形结构。事实上，人体的整体构造也符合分形结构。最重要的也许是，人类的脑部构造也属于分形。因此，人类的记忆过程、思维过程、自我意识在结构上与功能上也都必然符合分形结构。

鉴于上述理论，我们有理由相信，任何由人类互动产生的系统（例如金融市场），都应该具有分形结构。这说明市场是一种混乱行为的集合体，它是一种非线性现象。

任何有一定交易经验的交易者都了解，市场不是单纯由供给与需求构成的一种简单的机械性结构。如果人类的行为都是简单、机械性的，那么价格行为也将由供给与需求两个吸引因子之间的力量对比来决定。悬挂在两块磁铁之间的钟摆，便构成一个简单的双吸引子系统（见图2-2）。双吸引子系统是简单、线性并且有些无聊的。假如市场也符合双吸引子系统，那么市场将没有复杂性、非线性，市场中也将没有那些震荡或波动。

如果在钟摆的附近增加一个吸引子，我们就有了一个混沌或具备分形结构的系统。在我们自定义的模型中，加入五个不同的磁性吸引子，使

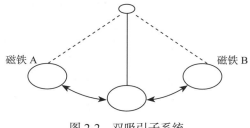

图 2-2　双吸引子系统

价格在这五个吸引子的共同作用下运动。这时我们的系统就是一种动态的、非线性并且混沌的系统。

由于市场是由人类互动产生的一种混乱的非线性系统，价格和时间就是我们用来界定分形结构的最好途径。自然界中混乱的过程一再呈现出一种盛大的复杂度，并且这种复杂度的结构具有自相似性的非随机性。如果我们可以找到市场的分形结构，就可以对市场的行为，换言之，对某种特定商品期货或股票的价格走势进行解析。在其他交易者只看见市场中的混沌而束手无策时，我们可以发现其中的某种形态或特定秩序，更为重要的是，我们可以对市场的行为进行有效的预测。

本书的主要目的是让你了解，如何运用分形几何学进行交易。在这一领域我们已经进行了 23 年的研究。为了不使你感到无聊，我这里并不准备对我们的研究进行太过详细的解读，此处仅举一例，说明分形分析如何帮助我们更好地理解市场的交易工具。

以电脑进行迭代⊖运算可以产生分形结构。增值⊜是一种非系统性的重复

⊖　Iteration 是数学名词。迭代是分形结构的四种造法之一。此前提到的科赫雪花模型就是迭代系统的例子。——译者注

⊜　原文为 accretion，这里将其译为增值。——译者注

程序。将某个数加上某个数，然后将较大的数再加上某个数，依此类推。最简单的迭代模型是斐波纳契数列。这项数列是由 0 开始的，随后两个数字是 1，1。将 0 和 1 相加，得到的结果是 1，将 1 和 1 相加，得到 2。从这里开始，随后每项数字都是其前两项数字之和。1 加 2，等于 3；2 加 3，等于 5；3 加 5，等于 8；5 加 8，等于 13。此数列一直延续直至无穷。这种迭代过程具有一项有趣的特性，取数列中的任两项连续数字，前一数字与次一数字的比率均为 0.618 ⊖。系统增值中这一比率始终保持不变。

自然界内充斥着 0.618 比率：花朵的种子按斐波纳契数列排列；心脏肌肉的收缩比率也是 0.618；鹦鹉螺的外壳也呈现出完美的 0.618 比率。人类的身体结构也不例外，肚脐的高度与身高的比率也大约是 0.618。这类描写自然界中的 0.618 比率现象的书在市面上随处可见。

曼德勃罗集合（见图 2-3）是学习分形几何学的罗塞塔石碑 ⊖。曼德勃罗集合是最主要也是最为根本的分形，同时还是分形几何学的基本构建模块。它是根据二项式在复平面上进行迭代所得数值形成的图形。

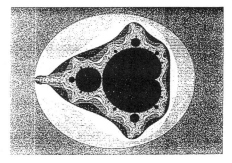

图 2-3　曼德勃罗集合

曼德勃罗集合具有斐波纳契 0.618 比率的关系。它几乎仅由旋涡状与螺旋状构成。如果你取一个鹦鹉螺的壳，将其像牛排一样平放，你看到的形状便非常类似曼德勃罗集合。这个集合将斐波纳契数列、艾略特波浪理论（详情见第 7 章，那时我们将详细讨论艾略特波浪理

⊖　这里较恰当的说法应为：前后两数字比率将无限趋近 0.618。——译者注

⊖　The Rosetta stone，一块制作于公元前 196 年的大理石石碑，碑上用 3 种文字刻了同样的内容，使近代考古学家有机会通过对照，解读出失传千余年的埃及象形文字的意义与结构。在这里，它被用来暗喻解决一个谜题或困难事物的关键线索或工具。——译者注

论）与分形理论衔接起来，并很可能是上面 3 种理论具有同样范式的关键。

在我们自己的原始研究中，一致性获利交易小组曾经发现数种重复出现的模式，它们使未来的市场走势具有某种程度的可预期性，这显然在某种程度上超越了目前的技术分析。我们将在随后的第 8 章和第 12 章中讨论这些模式。

2.3 分形几何学与市场

在任何混沌、混乱、生物系统与无秩序中，你都可以发现分形几何学的踪影。正如上面所提到的，分形实际上是代表分维。假设你从 200 码[⊖]外观察一个直径 3 英寸的线球。它看起来就只是一个点，而一个点的维度为零。逐渐走近线球时，你发现它是一个线球，因此它具有三个维度。当你非常接近它时，你发现它是由一条长长的线组成的，一条线当然是一维度。如果你通过放大镜观察它，你发现线本身也具有三个维度。因此，根据观察的角度不同，线球可以是零维度，其次是三维度，接下来一维度，最后又是三维度。同样的情形也会发生在市场中，你的观察市场角度或你自身的范式将决定你观察的结果。事实上，你观察市场的角度就是你的范式。如果你是由线性的角度观察，你将无法看见市场的真实行为，并因此很难在交易中获利。

分形也可以用来测量不规则性。市场越不规则、震荡越剧烈，分形数字便越大。在市场行情的反转点，分形数字也将到达相对最大值。因此，趋势反转时的分形数字将大于此前在趋势中的分形数字。

图 2-4 是英国科学家迈克尔·巴蒂（Michael Batty）通过电脑绘制的分形树。每一树枝都分为两枝，并因此而构成分形的蓬盖。左边的图显示了经过六次的迭代即分叉后的图形。在经过 13 次分叉之后，树木看起来更加接近现实中的树木（右边的图）。通过改变分形数字，分形模型可以"创造"出不同类

⊖ 1 码 =0.9144 米。

型的树木。分形树形象地为我们说明了，分形几何学是一种测量变动的科学。树木的每一个分叉，河流的每一个弯曲，市场的每一个转势点，都是可以被测量的点。这个认知在寻找艾略特波浪理论中的"分形结构"时至关重要。

图 2-4　计算机绘制的分形树

·结　语·

混沌理论为我们提供了一种激动人心的市场观察（或市场分析）的全新范式，同时提高了我们在预测商品期货或股票价格走势时的准确性。它给我们的交易提供了指导。混沌理论并不是构建在根据过去的行为建立模板并用其预测未来之上的。混沌理论专注于当前的市场行为，而当前的市场行为是多数交易者的个人分形行为的总集合体。如果读者希望从学术或研究的角度进一步了解混沌理论，我推荐阅读我下面在参考书目中列出的书：Peters（1991a，1994），Deboeck（1994），Chorafas（1994）。

大多数最新的研究成果都发表在物理学和数学的期刊上。

分形是金融市场与个人交易者的根本结构。在第 3 章中我们将讨论这种根本结构的两种基本形式，并说明如何将其作为我们的市场范式从而进行市场或交易分析。

界定你的根本结构

它如何决定你的交易盈亏

我改变不是为了成为其他人，我改变是为了充分认识自己。

——禅宗的存在变化理论

目　标

理解市场能量、结构中的结构以及两种根本结构形态。

* * *

如同先前提到的，混沌理论的主要贡献，是对自然界现象的观察。曼德勃罗博士最具代表性的发现之一，是河流与商品市场之间的分形维度很相似——这预示着金融市场是自然界的函数，而不是透过人类左脑设计出来的某种线性产物。我们认为基本面分析或机械的技术分析，都不能就市场行为提供一份可靠的交易逻辑图。如果市场行为具有线性性质，那么亏损的交易者应该会减少，尤其是交易者的平均智商都较高。如果传统逻辑确实有效，那么市场中抱怨的声音会更少，我们也会听到更多的成功案例。

混沌理论为金融市场研究提供了三大原则。大体上，这三个原则都与能量相关。从物理学角度观察，宇宙内的任何物体都是某种能量。罗伯特·弗里茨（Robert Fritz）在其著述《阻力最小途径》（*The Path of Least Resistance*）中曾经详细讨论这些原理。接下来，让我们看看这三项原理的重要意义。

3.1 市场能量的分析原理

3.1.1 能量永远会循着阻力最小的途径发展

当河水顺流而下时，会沿着阻力最小的路径流淌。万有引力使得河水在岩石旁回旋，并循着河床蜿蜒流动。商品期货或股票市场也是如此，市场每一分钟的波动，价格都会沿着阻力最小的途径发展。这不是金融市场特有的性质，我们（你、我以及自然界的万物）都是如此。这是自然界的本质。你在这个时间段阅读这段话，是因为你衡量时间管理上的所有因素之后，觉得这是阻力最小的途径。在金融市场里，如果你觉得再多亏损一块钱带来的痛苦，超过认赔出场的痛苦，就会决定出场。任何事物都是按照阻力最小的原则在演变。

3.1.2 通常不可见的根本结构决定了阻力最小途径

河床的根本结构，将决定河流的走势是湍急还是平静地顺坡而下。如果河床宽而深，河水将平静流动；如果河床窄而浅，河水将流得湍急。探勘河床的根本结构，便可在一定程度上精确地预测河流的走势。

假定你现在想要起身上洗手间，很可能需要穿过几间房间与过道。为什么你不采用直线方式，直接穿过墙壁进入洗手间呢？因为你知道，穿墙而过会让自己受伤。走向洗手间时，你可能**不会察觉**自己的行为，这是由建筑师决定的。他当初设计房间与过道的位置，就决定了你现在如何到达洗手间。建筑师决定了房屋的根本结构。

同理，你个人的根本结构将决定你的交易方式。不论你是否察觉这个结构存在，它都会决定你的行为以及你对市场走势的反应。

许多交易者不断重复导致亏损的交易行为。他们经常觉得沮丧而无能为力。他们参加多种研讨会，阅读一大堆交易书籍，研究各种交易系统，学习神经网络语言模型，并接受市场心理学家的私人治疗，但最后仍然回到亏损的原点。这是因为他们的根本结构并没有发生变化。

只在表面下功夫，不会产生真正的变化。唯有改变根本结构，才会产生真正的改变。当你个人的根本结构与市场的根本结构彼此契合时，盈利就会变成阻力最小的途径。

作为交易者/投资者，在自身行为背离阻力最小的途径时，你就会立刻察觉到，因为你会立即感受到生理上的紧张与心理上的压力。如果你在交易过程中感到紧张，你就不会随意交易。一旦了解何为市场的根本结构，并与市场的行为融合为一体，你会"像蝴蝶般地飞舞，像蜜蜂般地采蜜"，一切都是那么自然而然。

3.1.3　这种始终存在而通常不可见的根本结构，可以被发现，并加以改变

很多人都抱着愚公移山的精神，试图拿水桶排水来改变河流的走向（或市场的走势），虽然精神可嘉，但不可能有显著效果。可是，如果他们顺流而上，找到河流的源头，只需要搬动几块石头，就可以改变整条河流的方向。在某些情况下，源头处的少许变动，产生的影响往往非常巨大。牛顿与欧几里得的线性世界观并不能解释这种可能性。

你可以改变你的生活方式和交易行为。可是如果你希望轻松而永久地改变，就必须在根本结构上下功夫，不应该只试图改变根本结构的外在行为。

金融交易一旦采用不同的根本结构，自然会产生一股推力，如同河水流动一样，逐渐蓄积动能，带领你到达目的地。

这三项原理带给我们什么启示呢？首先你可以学会如何辨认主导交易的根本结构，其次可以根据个人交易目标改变这个结构。

为了辨认根本结构，我们必须进一步分析这个结构的构造，这是我们生活与从事交易的基础。

3.2 何为结构

任何结构都由下列四者构成：要素或成分、计划、能量源以及宗旨。所有结构都包含变动与变动倾向（变动的可能性）；换言之，它们具有从某种状态变为另一种状态的倾向。某些结构存在较强烈的变动倾向。对于较稳定的结构，各个组成部分相互之间的引力较强；在一个相对不稳定的结构里，每个部分都较容易受到外部的影响，容易发生移动。轮椅的变动倾向大于摇椅，摇椅的变动倾向大于沙发，沙发的变动倾向大于房子。在每种情况下，根本结构将决定变动的倾向。

生活中到处存在这种通常不可见的根本结构，瞬息万变的交易市场也是如此。

埃德蒙森（Edmondson）曾经这样描述 R. 巴克敏斯特·富勒（R. Buckminster Fuller）几何学的协同作用（synergetic geometry）的概念：根据富勒对孤立事件的观点，"理解"然后连接它们。"理解就是结构"，因为这意味着建立事件之间的联系。

结构决定行为。任何事物的行为都决定于其结构：子弹、飓风、计程车司机、配偶以及金融市场。交易者所处环境（市场）的结构决定了交易者的行为。

对交易结果最有影响的结构，由下列要素构成：欲望、信念、假设、愿望，以及重中之重——你对市场根本结构与你自己的了解。

结构研究与心理学研究，是两门相互独立的学问，然而，它们之间有着很深的联系。将结构原理套用在金融交易时，有两个要点需要我们注意。

要点一，我们大多数人，通常是由于无知，而不是傲慢，而忽略自然界的重要性，只把它当作各种更为重要活动的背景或舞台。交易者的行为总是受到已经支配了他们全部生活的根本结构的支配。由于市场与交易者都属于自然界的一部分，所以两者的行为都应该遵守自然界的根本结构。对于大多数交易者来说，混沌与分形都是新概念。多数交易者认为，生命是与自然界或者市场相抗争的，而不是与之亲密相连。如同大作曲家埃克托·柏辽兹（Hector Berlioz）所说：时间是一位伟大的导师，却不幸杀死了所有的学生。

研究结构的第二个要点，是某些结构较其他结构更容易产生不同类型的结果。结构具有一般性，不会根据人改变。某些结构将导致痛苦，不论任何人处在其中都是如此。大多数交易者总是试图改变自己的行为，而不是其生命中的结构。他们误认为改变行为就可以改变结构。然而事实则刚好相反。如同罗伯特·弗里茨在《阻力最小途径》一书中所说：你不可能愚弄结构。

某些结构会通向最终目的地；另外一些结构则只会不断振荡。现在让我们了解这两种类型的结构，本书稍后第 8 ～ 12 章内容将为交易者揭示将这两种结构运用于市场时的差异。

3.2.1 第一类结构

第一类型结构会产生一种运动——反向运动，其运动方向可以向后或向前，类似于数字 8。某种预期发生的行为，将引发另一种相反而不希望发生的行为。钟摆就是最明显的例子。在弧形运动轨迹的顶端，万有引力改变其行为而造成向下的运动。随着向下动能的不断累积，钟摆终于朝下摆动，通过最低点，然后顺着弧形轨迹而摆向另一端。万有引力使摆动的速度减缓。当钟摆慢慢失去积蓄的向上动能达到顶点时，又朝另一个方向摆动（请参考图 3-1）。

多数交易者都陷在第一类型结构内。

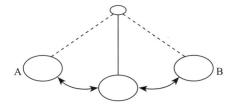

图 3-1　第一类型结构钟摆

我们再来重复一遍经常说的例子，假设你从事某项交易，决定采用非常保守的紧止损策略。你告诉自己，必须设置紧止损，如此一来，即使你判断错误，也不会有大的亏损。市场出现正常的回调，由于你的止损过紧，你被止损出场，随后市场按照你设想的方向急剧上升。于是你分析自己发生亏损的原因，判定是自己的止损策略过于保守。你决定应该给市场一个较大的活动空间。

在接下来的一笔交易中，你决定使用大止损，给市场一个很大的回调空间。结果，市场开始转势，你损失惨重。你实在无法承担这么大的损失。于是经过分析之后，又决定收紧止损。

大多数交易者都陷在这种不断重复摆动不定的错误策略内。对于第一类型结构，虽然摆动经常发生，但不会持续，任何进步都只是暂时现象，这种类型的根本结构让我们像钟摆一样前后摆动。当你发现自己还是不断在某些相同结果之间打转，就代表你已经陷入第一类型结构。有人曾经将精神错乱定义为："不断重复相同行为，却预期发生不同结果。"如果你发现自己不能持之以恒地节食，或者戒烟之后仍然抽烟，想获胜而仍然失败，那么你就处在第一类型结构之中。

对于这类情况，如果请教这方面的心理医生（请记住，我也曾经是心理医生），所得到的诊断结论可能是自我毁灭症、失败综合征、成功恐惧症等。他们认为，内心的状态（情绪、习惯、恐惧）导致行为功能错乱。所有正统的心理治疗方法，都认定你有问题。这种根本结构也属于亚里士多德与牛顿的传统：判断原因，寻求解答，希望能有不同结果。

如果处在这种来回震荡的根本结构内，没有任何心理治疗能够帮助你，因为心理学并不能解决根本结构的问题。虽然心理治疗偶尔也能产生效果，但通常效果都很短暂。各位不妨自行查证，观察那些采用这种方法的交易者，评估心理疗法对他们是否有效。我们的研究结果显示，大多数交易者都会重蹈覆辙，重新陷入失败的老习惯之中。我们发现唯有调整根本结构，才可能发生永久性改变。

如果处在这种摆荡模式内（记住，所有的震荡都是围着原点来回运动），不要将其视为自己必须克服的问题。这种结构不足以让你成为稳定盈利的交易者。幸运的是，除了这种摆荡结构，还有另一种根本结构。

3.2.2　第二类结构

> 留意万物的自然秩序。融入自然的秩序中，不要与其对抗。试图改变这种秩序，只会徒增障碍。
>
> ——禅学箴言

我们发现，第一类型结构源于人类的左脑。第二类型结构则来自大脑具有创造力的部分。第一类型结构试图解决问题（终以失败结束）；第二类型结构会创造崭新的行为与结果。换言之，第二类型结构不试图解决问题，而只创造结果。两者之间的对照，类似传统物理学与量子物理学。传统物理学认为，有必须来自有；量子物理学则认为，有可以来自无。传统物理学坚信，物质必须来自其他物质；量子物理学则相信，物质可以来自"空无"（被创造）。

如果你宣称成功地解决了问题，事实上只是让问题不再出现而已，这未必可以帮助你得到想要的结果（稳定盈利）。在亚里士多德传统学说影响下，执着于解决问题的心态，已经成为一种常态。通常我们都不会考虑其他替代方法。

在国家政治层面上，一般讨论重心总是围绕在赤字、通货膨胀、失业者保障、税金、艾滋病、教育等问题。历史上最伟大的领导者，未必擅长于解决问题，他们是创造者。第二次世界大战期间，富兰克林·罗斯福与温斯顿·丘吉尔并未试图解决轴心国的问题，他们着力于为全世界的未来，奠定一个他们公认最为理想的基础。

当然解决问题这种模式有其独到之处，不过这种模式对于创造制胜的交易心态，却缺乏显著效果。在大多数情况下，甚至不能实际改变任何事物。这里的关键点在于，在解决问题时阻力最小的途径是，由坏转好，再由好转坏。你可以采取某种行动，借以减轻问题所带来的压力；一旦压力有所减缓之后，你就会放松，缺乏动力采取进一步行动。这便产生 8 字形的行为模式，看起来做了很多，却没有实质的结果。

我们可以由另一个角度观察这种解决问题的心态。一旦成功之后，我们总会放弃那些最初导致成功的事物。这种现象在日常生活中很常见。一家餐厅为了解决生意不好的问题，决定不惜成本而以美食吸引顾客；一旦稍有成就之后，又恢复赚钱本色，于是顾客又流失了。热恋中的男女也是如此，彼此互献殷勤，互相体贴，始终让对方看到自己最美好的一面，承诺照顾对方一生。一旦结婚，我们很容易就忘掉这些当初创造美好关系的小细节。如果交易行为只试图解决问题，而不是创造利润，也会陷入相同的模式中。

传统医学的宗旨，不在于创造健康的身体，而在于解决病痛。医学并不是一门创造健康的学科。法律的目的，是解决犯罪问题，不是矫正犯罪行为。法律不是一种创造人类文明的方法。心理学也是如此，其目的不是创造理想生活或提升个人价值。

卡尔·荣格（Carl Jung，1975）经过多年的研究最终发现多数情况下，问题本身并不重要。他提出一些精辟的见解：

> 人生当中，所有最重要、最根本的问题，原则上都无法解决……
> 这些问题永远无法被解决，只能变得不重要 。"变得不重要"这一观

点，需要新的、更高的一层意识提供。患者的精神层次必须得到提高，视野必须开拓。在更开阔的架构下，原本无法解决的问题，其重要性便慢慢降低。因为有一个崭新和更好生活的欲望，原本的问题变得不再重要，虽然问题本身在逻辑上并没有被解决。

解决问题并不能创造所希望的结果（获得利润）；一般来说，试图解决问题带来的，刚好是不希望发生的结果（亏损）。你不需要改变你的交易，你需要超越它。

第二类型结构是一种截然不同的世界，其中每项事物都"自动"地协助你迈向目标。这里少有徒劳的运动或者来回震荡。你驾着一艘太空船，所有能量都输往最适当的地方，你所从事的每项行为，似乎都协助你向前迈进。

对于第二类型这种根本结构，其着重点不再是解决问题，而是创造力。创造力不是你能够在学校、家庭或工作方面学习的技巧。如果想在市场交易中取得成功，创造力可能是最重要的技巧之一。这与对环境产生反应或回应有很大不同。好消息是，交易者目前面对的环境，绝对不会局限你在市场中获利的创造力。创造过程与被动地对目前环境做出反应或回应截然不同。

一位交易者若只是回应外在环境，势必受制于环境。对于交易者，环境可能是一种桎梏。在进行创造时，你是自由的，同时你的自由也不会限制你。我们的一生当中，总是不断接受指令，应该在何时、以何种方式、要做什么事。早上9：00必须到办公室，午餐只有1小时，下午5：00以前不可离开。星期三要和孩子的老师见面。医生告诉你，一天必须睡8小时。我必须完成某项计划才有升职的可能。这季的税金必须在星期五之前寄到。各种规定与命令由四面八方而来。

现在，你踏进金融交易市场，基本上这里没有任何规定。你可以自行决定想从事交易的时间以及想交易的金额。你决定自己的风险，**创造**自己的利润。一般人所受的教育、拥有工作经验，都不能使他们获得这类的自由。有些交易者订阅研究分析报告或热线电话，或彻夜守着电视财经频道希望获得指引。然而，真正的指引来自内部，交易结果也完全取决于个人的根本结构。

·结 语·

在本章中，我们从内部因素和外在要素两方面纵览了个人内部和世界的运作方式。我们一起探讨了三项原理，这些原理揭示了自然界的构成和运作方式。

1. 能量永远会循着阻力最小的途径发展。

2. 通常不可见的根本结构决定了阻力最小途径。

3. 这种始终存在而通常看不见的根本结构，可以被发现，并加以改变。

随后我们对结构中的结构进行了初步了解，又一起学习了传统的，以解决问题为主旨的第一种结构和以创造为核心的，更为有效、更具盈利潜力的第二种结构。

在第 4 章中，我们来探索我们的内心世界，培养我们的制胜心态。这一点甚至比制定入场和出场策略还更为重要。就这方面来说，有两条路可供选择，一条通向亏损，最终可能导致紧张性神经分裂症，另一条则通往成功的生活和交易生涯。我们现在已经到了"整装待发"的起点。预祝各位能够有所收获。

整装待发的起点

大道甚夷，而人好径。

——老子

目　标

理解在分析市场之前应该有怎样的准备——
完成内在准备。

* * *

希腊哲学家第欧根尼（Diogenes）是一位著名的智者。他认为他的所有物只会妨碍他享受生命，因此他只保留身上的衣服以及一只碗。有一天，他看到一只狗在河里喝水，于是决定把碗也丢了。他在希腊国内享有盛名，以至于当时世界上最有权势的人——亚历山大大帝，也听说过他的名字，并主动到河边去跟他谈话。他们的谈话让亚历山大印象深刻。在一次谈话的最后，亚历山大对第欧根尼说："我对你仰慕的程度，远胜过地球上任何其他人。我希望有一天能够像你一样，真正放开一切，彻底了解自己。"

第欧根尼问道："为何不是现在呢？"

亚历山大回答说："不行！我首先要去征服世界，然后再回到这里。到那个时候，我们可以花多一点时间在一起好好聊聊。"

第欧根尼说道："我也没有征服世界，你为什么不现在就留在这里呢？"

亚历山大说："不，我要先征服世界，然后才会回来。"

第欧根尼说："你不可能回来，因为你会先死掉。"

亚历山大确实征服了当时已知的世界。他最后征服印度，但死于回程途中。

仔细研究这两个人，我们就可以看到市场上赢家与输家之间的区别。在金融市场里，亚历山大大帝注定成为输家，第欧根尼则会是赢家。原因何在？因为他们对于自身和世界的了解，已经为我们揭示了输赢。

这两人性格之间的某些差异，颇值得进一步探讨。亚历山大处在"成为"（becoming）的阶段，第欧根尼则已经身处"是"（being）的境界。他们的行为反映出心灵中两个不同部分的差异功能。我们的意识心灵就像亚历山大大帝一样，不断移动，永远想要征服不同领域、新的技术、新的观念（如分形、蜡烛图、MACD、ADX、神经网络、模糊逻辑理论、奇异吸引子、人工智能）。

通过向内探索我们的心灵，我们可以逐渐做到在金融交易市场中稳定获利。我们每个人都至少有三个层次的意识（超意识、意识与潜意识），此三者的功能各不相同，甚至说着不同的"语言"。好比我们住在有三个房间的房屋里，在客厅说英文，在厨房说西班牙文，在卧室说德文。同时，房间的每个居住者只能说一种语言。

心灵中的某个部分，专门运用科学方法发现"真理"。容我在此先强调一点，我不是很热衷追求"真理"的人，因为"真理"会发生改变。宙斯统治世界，曾经是真理。地球是平的，曾经是真理。尼克松总统是老实人，曾经是真理。奥利·诺斯（Ollie North）是爱国者，曾经是真理。天堂的街道铺满黄金，曾经是真理。金融市场呈现随机漫步现象，这是一个学术真理。事实上，我对"真理"不感兴趣，我对"有用的谎言"更有兴趣。发现真理的主要科学方法之一就是：消除不真实的东西。这也就是所谓的"零假设"（null hypothesis）。现在我们先了解意识究竟是怎么回事。

早期的骨相学认为，脑部（请注意，脑部是一种器官，此处准备讨论的是意识或心灵）的每个部分都具有不同的功能。大家可能看过头部的骨相说明图，这张图说明了脑部各个部位所负责的功能。创立科学神教（Scientology）⊖的美国科幻小说家罗恩·哈伯德（Ron Hubbard）认为心灵充满记忆的痕迹。杰出的加拿大脑部外科医生怀尔德·彭菲尔德（Wilder Penfield）发现，透过电磁波刺激脑部的不同部位，可以重建一些特定的记忆。

某些宗教认为，心灵是恶魔的工作场所。我想，在很多情况下，这似乎触及真实状况。东方宗教则认为，心灵本质上是一种幻象。

美国加利福尼亚州的卡尔·普利布兰（Carl Pribram）⊜认为，心灵是一种全息立体影像。事实上，他认为任何东西——你、我、世界、每一个物品都是全息立体影像。这当然是对记忆的最佳解释，因为记忆就像立体影像一样被储存起来。

艾尔弗雷德·阿德勒（Alfred Adler）⊜认为，一切都是运动。除了运动，任何其他东西都是幻象与伪装。

我们所思考的任何东西，都是一个个的问题。有一个好消息，**实际上我们只有一个问题，那就是心灵。心灵的主要疾病，就是执着（不断占有）。**心灵如同鲨鱼一样，鲨鱼必须持续移动，除非死亡。如果心灵停止运作，它也就死了。每天晚上，当我们睡觉时，心灵仍然持续运作。心灵就像思绪的舞动。舞蹈只是运动，如果思绪停止了，就没有舞蹈了。市场也只是运动。市场跳着舞，就像你跳舞时没有目的地一样（你不会直线穿越舞池），市场也没有目的

⊖ Scientology，也被译作山达基教。——译者注
⊜ 斯坦福大学的著名神经生理学专家。——译者注
⊜ 奥地利心理学家及医学博士，个体心理学派创始人。——译者注

地。市场指数究竟是 10 000 点或 1700 点，并没有太大关系。只有运动，才代表生存。一旦停止运动，市场就不存在了。

4.1 市场反映了心灵

从深层次来看，所谓的心灵只是一个虚幻的概念，并不实际存在，让你保持意识清醒和指导你行为的是你的思维范式。同样，人群这个概念实际也并不存在，只有一群或一组的个人。在一间房间里，我们可能被称为人群，但是在大家离开之后，人群又在哪里呢？所以，人群只不过是在特定时间、特定场合聚集的很多个人，心灵也只是在某特定时间聚集的一组思维。

想在金融交易市场获利，表面看起来似乎障碍重重，实际上只有一种障碍：心灵。在生活中，我们认为总有无数的问题；还是那样，事实上问题只有一个，就是我们的心灵。如果能够解决这个问题，其他问题就会迎刃而解，自动消失。事实上，一切问题都源自心灵的问题。我们在市场上或生活中遭遇的诸多问题，都是由心灵引起的。如果没有解决最根本的心灵问题，不论我们解决了多少关于市场或生活的问题，结果都是无效的，因为会有更多新的问题产生。

解决市场的问题，就如同修剪花木枝叶一样，总是越剪越多。如果你有园艺方面的经验就一定会知道，想要让花木长得茂盛，就要经常修剪。修剪过程永远不会结束，除非你找到根源。市场问题的根源，就是我们的心灵。学习再多的 RSI、MACD、威廉姆斯的 %R 指标、市场促进指数指标或神秘的占星学知识，都不能让你解决交易中遇到的问题。学习的过程永无止境，就像新的枝叶总会不断地长出来，新的技术分析技巧（无论它是蜡烛图分析技巧还是能使你成为交易赢家的混沌操作法）也总会出现。让我告诉你一个秘密，但你必须发誓不告诉其他人，那就是——这类技巧绝对无效！只要交易者没有解决自己心灵的问题，不论使用新方法还是旧方法，不论使用哪种交易系统，都无法获得成功。我们必须要找到所有问题的根源，那就是，我们的心灵！

4.2　心灵结构与本质

心灵可以分为三部分：左脑，也就是具有意识的（conscious）心灵；脑核，通常被称为无意识（unconscious）心灵；右脑，通常被称为超意识（paraconscious）心灵。首先，让我们探索意识心灵。

意识心灵是一种追寻目标的伺服回馈装置。这部分心灵永远打算达成某些目标（所以各位会阅读本书），绝对不会"仅止于此"。这部分心灵的座右铭是"永不止步"，永远不满足，永远不停歇。亚历山大大帝想要在征服世界之后再停下脚步，进行冥想或修行，但他死在归途之中。你与我也都一样，除非我们直指根源，否则也会死在征服问题的过程中。这也是为什么90%的交易者总是发生亏损的真正原因。请记住，每当市场开盘运作，有50%的合约盈利，但90%的交易者会亏损。

意识心灵的功能是解决问题，这是它的工作。"我没有打电话需要用到的25美分的硬币，该怎么办？"当意识心灵遇到问题时，会在记忆资料库里寻找过去类似状况的成功解决方法，然后针对目前的问题，引用**完全相同的技巧**。请记住，左脑的主要功能是生产，是解决当下的问题，而不是从长期影响方面来进行综合考虑。

保持现状是交易/投资方面的最大问题。关于如何在金融市场找到最有效的获利方式，意识心灵给出的建议并不可靠。意识心灵有四个主要功能，每项功能都有碍交易成功。

（1）判断。评估什么恰当或什么不恰当。对于当时状况，评估某种方法是否优于另一种方法。

（2）感知时间。时间从过去流到现在，由现在流向未来，而左脑是心灵中唯一能够感知这个流动过程的部分。至于其他部分，则只能区别现在与非现在。时间的流动，其实并不如我们感知的那么平顺。

（3）对口头或书面语言的理解也只能由左脑完成。其余心灵部分是通过其他方法进行沟通，例如：震动、感受、情绪或情节。由于梦境是由脑核产生的，所以通常一般人不会梦到读书。也许你会梦见你在读书，但你不会记得你阅读的内容，实际上你只是有一种你在读书的感觉而已，因为创造你梦境的大脑部分——脑核并不能阅读。如果你能够在梦境内感知所阅读的内容，则属于非常罕见的清醒梦境（lucid dream）。

（4）挣扎。努力尝试这种感觉只能出现在左脑之中。每当你发现自己很努力地想达到某种状况，就可以确定自己已经陷入心灵的最愚蠢部分。例如，某个交易者希望着在市场收盘前让仓位获利，以便向伙伴们夸耀自己的交易功力，这就说明了他处在左脑思维的掌控之中。

左脑大约只能按照每秒钟 16 位的速度处理资讯，而且是以线性、数位的方式处理信息。即使是复杂程度很有限的东西，左脑也常常力不从心，而且经常会产生一些荒谬的简单抽象的概念，例如：所有女人都是弱者、律师都不诚实、医生只想赚我的钱、经纪人绝对不值得信赖、场内交易员总是跟我作对……其他简化概念还有：RSI 读数超过 90，随机指标读数超过 +80，所以行情必定下跌。RSI 与随机指标都不可能影响行情，它们只是对市场的历史描述。事实上，任何技术方法或基于周期性的系统，在某种程度上都假定未来会像过去一样，这是一种最无知、最严重的错误假设。

可是对左脑来说，这些假设很合理。某个男人结婚之后，发现自己的妻子严重酗酒，整天都喝得醉醺醺。忍耐了几年，他终于决定离婚，准备另外寻找一位更适当的生活伴侣。他做了什么？他四处寻找，发现了一个他觉得与众不同的人。新妻子看起来不会喝酒，情况似乎很不错。结婚之后，男人发现这位新妻子也爱喝酒，就像第一任妻子一样。有些人会三番五次经历相同的困境。他们不了解，关键是他们总运用左脑解决问题，运用左脑的生存模式挑选另一半。第一任妻子严重酗酒，但我还是生存下来了。请记住，左脑在设计上的首要功能，就是求取生存：或许我感觉不快乐，但毕竟活下来了。

在市场交易中，常常有人会陷入相同的困境，例如：无法在收盘之前平掉亏损仓位，同样的错误不断重复发生。不论学习什么新技巧或新方法，都不可能解决这类问题。不论是分形、混沌、周期，还是技术指标、占星学甚至易经，都不能解决这种问题。事实上，你真正需要的是使用你的右脑，转换你的思维模式，摆脱以生存为主要目标的意识心灵，这才是解决问题的核心。

你根据各种信息进行决策，而你的意识心灵会对这些新传入的原始信息进行过滤，从而使你做出错误的决策，同时还会造成这些错误一再重演。例如，上次我做多债券时，止损设定得太小，行情下跌回调，被止损出场后，市场立即向上反转开始向我最初判断的方向运行。所以，这次应该怎么做？设立过去三倍的止损。结果如何？损失是过去的三倍。我不能容忍这种程度的损失，无论如何还是得采用小止损。各位可以猜想最后的结果将如何——和第一次一样，被止损出场。如同大多数将军都希望能毕其功于一役一样，大多数交易者在犯错误后都希望能一劳永逸地改掉错误，但现实往往不遂人愿。

交易成功不在于增添武器装备，取得更多指标、更多报告或更多书籍（假定各位已经知道市场基本知识与下单流程）。这些都不会让你成为更好的交易者。事实上，即使是阅读目前的这本书，除了奉劝各位必须改变自我外，也不能让你转败为胜。

4.3 交易是一种内心工作

你可能想着，在电脑、走势图或你的投资顾问的大脑中有着一些神秘的东西，你可以吸收并运用，从而使你交易成功。如果你真的相信这些，请打电话给我，我在佛罗里达州水下有一块漂亮的宅基地，很适合建造住宅。[⊖]

所有交易者似乎都有两种特质：①把事情搞得过分复杂；②看不到那些最明显的东西。很显然，没有人是在真正地根据市场进行交易。我们的交易都是基于自己的信念系统。认真思考这些问题，可能会给你带来一时的困惑。困惑是一件好事，当你有了困惑，说明你开始思考并尝试去解决问题。想要在市场获得成功，就必须了解市场的真实面，以及你所交易的东西，这就是第一真理。

容我先澄清几点。我没有要贬低任何指标、任何方法、任何系统的意思，不论它们基于机械性的分析或属于其他类别。我不是牧师或神父，没打算带领人进入天堂。事实上，我甚至不打算说服你。我只是诉说一项真理而已，一项你可以掌握的真理，而且不计报酬。然后，你可以自行决定如何去处理你所学到的，这并不会对我产生任何影响。当然，有一天，如果你碰到我，可能会说："嗨！比尔，你完全正确。"我听了会很高兴。这是最佳的精神收入，也可以让我自己稍微膨胀一番。即便如此，你是否能够认同我所阐述的这项真理，跟我没有任何利害关系，甚至我不关心这种确实行之有效的东西是否真的是真理。我早就说过，我宁可要有用的谎言，也不要没用的真理。我对于你的怀疑也毫无兴趣。如同喜剧演员戴维·加德纳（David Gardner）所说："不要诉说你的疑惑，我已经拥有够多疑惑了。告诉我一些你所相信的。"

如果你能够放下你原先的固有思维，不再根据你对市场的成见进行交易，你才会真正地体验成功的滋味。这才是真正的关键！放下你原先的固有思维，会给你造成一时的困惑，正如前文所述，有了困惑说明你开始思考解决问题。

⊖ 这里作者利用讽刺的手法说明了，存在于外界的、能帮助你交易成功的"神秘物质"并不存在，就像在水下的宅基地盖住宅一样都不可能实现。——译者注

让市场来决定你的交易，让市场中的真理来决定你的交易，这样你就可以获得梦寐以求的成功。

我们内心中，源自无意识的谎言开始慢慢浮出水面，将要被拆穿时，危机就出现了，你自己就会察觉到这种不协调。认识到这一点十分重要。事实上，它是如此重要以至于我们叫它 TNT——真理交易（truth'n trading）。无论什么时候，只要交易过程让你感受到痛苦，那就说明你违背了市场的真理。

不论在日常生活或交易市场上，每当我们碰到危机或问题，除了问题本身，我们没有必要在其他地方追寻解答。不知道各位是否听过一个故事：某个醉汉在阴暗的草地上掉了车钥匙，结果跑到街灯下寻找，因为那里比较亮。

所以当你在市场上遭遇危机或问题时，务必要了解，解决问题的答案就在问题发生之处。如果交易不理想，就应该思考问题本身，不要试图找另一套系统、技巧或指标，因为这些新东西绝对、绝对会造成相同或更严重的问题。这是生活的本质，也是市场的本质。

如果停止使用左脑寻找解答，我们就能体会这种更高一层的新意识，这里根本不会发生任何问题。我们认定的所谓问题，原本就是由这种试图解决问题的白痴（意识左脑）创造出来的。这位白痴很清楚地了解一点，如果没有问题的话，它就失业了。这部分意识的主要功能在于求取生存，而且是透过解决问题求取生存。所以如何取得工作权？如何保障它的工作？当然是创造更多、更大的问题并解决。

假设你工作非常认真，经常皱眉而产生皱纹。你觉得不对劲，花很多时间和精力想要搞清楚究竟应该怎么做。这时如果有人拿一面镜子给你，你看到两眉之间的皱纹。你自然会想办法不让自己再皱眉。你让自己放轻松，皱纹也就不见了。成功的交易也是如此。有一种车尾保险杠贴纸写着："如果开车造成痛苦，那一定是你搞错了。"这句话可以改为："如果你觉得交易没有乐趣，那一定是你搞错了。"想要免除交易造成的忧虑与皱纹，找一面镜子吧！市场本身就是最好的镜子。只要你知道你内心深处的真正态度，就能精确预测你的交易结果。反之，只要知道的交易结果，就能知道你在交易过程中秉持的态度。

在市场上从事交易，没有可隐瞒之处。每天交易结束，结果不是赚钱，就是赔钱，要不然就是不赚不赔。如果赔钱，你不能怪罪别人。同理，如果赚钱，你也无须"感谢"任何人。朋友们！请相信我，这是真的。

市场永远反映着你的态度。就如同大峡谷一样，如果你大叫"救命"，就会听到"救命"的回响。如果你大叫"老天爷"，就会听到"老天爷"。如果你大叫"占星学才是解答"，就会听到"占星学才是解答"。如果你大叫"市场是烂货"，就会听到这几个字的回响。生命与交易都具有自我实现的特性。你怎样看待，就会有怎样的结果。

只要理解了这种事实，你交易的结果就会有大幅的改善。请尝试了解一点，你真正需要的，是选择一套信念系统。你的确可以选择。**事实上，这个世界上的最重要选择，就是"选择或不选择"**。如果你选择遵循机械的系统，就算不上基于市场进行交易。任何机械性系统都免不了失败。你不需要从别人那里寻求指引，你所需要了解的就是你自己。下面让我详细地为你进行说明。

每位交易者或投资者都想知道，交易成功是否存在某种秘诀；实际上是有的，但称不上是什么秘诀。这项秘诀随时都在我们眼前。**耐心倾听，一切就会从此改变**。学习倾听这项至高奥义，其困难程度不会超过让你决定是逆流行舟，还是选择轻松顺流而行。让这个秘诀和你内心的那个秘诀对话吧。倾听它。让这项奥秘向你展现，这就是所谓的"圣杯"，这也就是……

4.4　追求市场所想要的

上述标题的几个字，蕴涵着至高无上的力量，足以让你随心所欲地纵横市场。追求市场所想要的，这可以让你拥有真正的力量，让你永远与市场站在同一边，而不是与市场敌对。它会给你一种新的力量，这股力量可以确保你的交易成功。

你所不想要的结果，并不是市场带给你的。礼物之所以会变成灾难，关键在于你如何应对市场。开盘铃声响起之后，市场永远都提供真正的机会，让你拥有绝对的自由做选择，可以针对真实机会做反应。

你之所以觉得不满意，都是因为市场没有按照你**认定的**方向运行。市场并没有否决你的成功与快乐。导致你失望的，是你对市场的想法。因此，放弃这些错误的想法，而不是放弃市场。这些想法才是造成一连串冲突的根源。**如果你所追求的，是市场所不想给予的**，结果会如何呢？

- 你经常觉得紧张、担惊受怕，因为市场未必会按照你的剧本演出。
- 你自以为比市场聪明，想要为市场安排某种剧本。
- 你总是与市场战斗（通常都是输家）。
- 因某事阻碍或打扰时容易发火。
- 被迫更频繁地交易，承担更高风险，精神紧张。
- 嫉妒别人的成功。
- 认为你就是由自己拥有的东西代表的，如果不能赚钱，说明自己是失败者。

让我们看看相反的情况：**如果追求市场所给予的**，结果又如何呢？

- 永远不会对所发生的事件感到失望。
- 在正确的时间、处在正确的地方。
- 不论情况如何，始终觉得信心满满。
- 不会觉得担心或愤怒。

- 清楚了解市场动态。
- 不会有错失机会的感觉。
- 居于主导地位。
- 心平气和。
- 永远感恩。

那么如何判断自己是否在追求市场所想要的呢？很简单。如果相关行为导致你担忧或遗憾，这代表你想要的，并不是市场想要的。如同约翰尼·科克伦（Johnny Cochran）所说的："如果想要的会给你带来痛苦，那么你势必徒劳无功。"成功的交易一定不会使你感到痛苦。

在进行交易时，你必须在正确的时间和地方，你的心灵也是如此。你必须在正确的时间、源自正确的方向。正确的心灵或者说良好的心态在交易中是最重要的。

让我们通过一个实验说明心灵的运作。试想一颗柠檬。你所想的柠檬，不代表柠檬本身，实际上它只是你想着的柠檬而已。想着一颗青色的柠檬，把它切成两半。你拿着刀子，慢慢划破柠檬表皮，然后切到果肉。你是否可以隐隐约约闻到柠檬的清香？事实上，你有可能正在不自觉地流着口水，甚至你仿佛已经尝到青柠檬的酸味。记住，你所想到的柠檬，不代表柠檬本身。这是怎么回事？你想到的柠檬，在无意识层面上，勾起一连串有关柠檬的回忆。你思想上的柠檬产生了短暂但很明确的感觉。前述这些概念，对于柠檬来说，或许很容易了解，但对于市场交易而言，恐怕就比较抽象了。

不妨考虑"我"这个字。就如同柠檬的例子一样，思维不代表实物。这两个例子之间的差别，在于"我"所牵涉的无意识记忆的数量可能是柠檬所代表的记忆数量的数百万倍。每当我们想起"我"，就涉及过去的所有历史，包括过去的交易结果、我们对于市场的感受以及其他等。不论这种感受有多么强烈，"我"的感受毕竟不代表你。过去累积的记忆，并不代表我们本身。我们只是在无意识的情况下在当下认定如此罢了。下一次，当你对于交易结果觉得不满意时，不要气坏了，或气疯了——应该有着正确的意识、正确的理解。

下一次，当你面对亏损时，不要觉得气愤或郁闷。这些感觉是源自过去的记忆，一些害怕亏损、害怕错误的记忆。当时的想法可能是：又是亏损、再次受到伤害，究竟何时才能真正搞定交易呢？然后，你开始为自己找理由：耐用品公告⊖这个消息害了我，我又数错了艾略特波浪的浪数，早知道那个可恶的小道消息不准……现在，你已经知道了，你不需要继续为自己开脱，那些被愚弄或被欺骗的"你"，不代表真正的你。真正的你不需要防卫任何心理或情绪。因此你可以把这些不必要的反应扔在一旁，专心追求市场所想要的。

每当你看着一幅市场价格走势图，就必须摆脱过去记忆的纠缠，你不能被原先的情绪困扰。你应该让过去的负面感受自然消失。**除非能够放下，否则你就不能真正地重新开始**。很多交易者要求市场像他们所希望的那样运行。这些人在交易中永远不能摆脱忧惧或愤怒的情绪，你不应该像他们那样。**独立就是自信**。

敲击头部往往是头痛的原因，而不是治疗头痛的方法，了解这一点，或许有助于各位抛弃无意识的记忆。只要**你停止敲击**，那些你急着消除的头痛，就会真的消除了。

请记住！交易原本是一种充满趣味的活动。给自己的心灵减负，就能摆脱过去的思维模式与习惯。之后你就看到市场的真实一面，你可以像大鹏鸟一般，翱翔于交易市场。真正的答案是认识到自己的恐惧，直面自己的恐惧，而

⊖ 美国耐用品公告。这是一项财经消息，一般用来判断美国的经济状况，通常在每月的中下旬公布。作者这里使用这个例子是指突发的市场新闻使交易者发生亏损。——译者注

不是逃离。尝试在你的记忆资料库现实之外寻找真实有趣的世界。让这些思绪了解，它们并不代表你。过去，你认为它们就是自己，这个原因也让你无法逃离它们的掌控。

这一切的奥秘，就是不要再从"如何"（how）的角度切入交易，而应该从"现在"（now）开始交易。这个通道可以带领你到充满直觉、见解与灵感的右脑。"思考"与"尝试"永远不能带领你进入这个层面，你一直在这，而你不知道。你只要解开眼罩，凝视镜子。所谓的"眼罩"就是习惯；"镜子"就是市场。

4.5 "如何"与"现在"的交易差异

从"如何"的角度切入交易，我们常常都会害怕不了解的东西。从"现在"开始交易，我们知道"害怕"是一种心理障碍。从"如何"的角度切入交易，我们被迫寻找某些足以克服损失的交易系统。从"现在"开始交易，我们知道没有神奇的系统，所以只能把"如何"搁置一旁，然后着手进行交易。

从"如何"的角度切入交易，我们相信过去的经验可以指引我们迈向未来的成功；从"现在"开始交易，我们可以摆脱过去的交易记忆，也不思考明天的交易，因为你是在毫无痛苦的当下进行交易。

从"如何"的角度切入交易，我们会尽量不承认自己的错误；从"现在"开始交易，我们不需要假装自己永远正确。老实说，我这辈子的交易，从来不曾正确。没错！在过去进行的数万笔交易中，我从来没有一笔交易曾经正确……没有任何一笔！每当仓位获利时，我所持有的合约数或股票总是太少；反之，每当发生亏损，我的仓位又总是太大。所以，我从来没有一笔交易是正确的。可是，感谢老天爷！在市场上你不"正确"并不会影响你赚大钱。

从"如何"的角度切入交易，只是徒然浪费宝贵的时间，懊恼过去发生的损失；从"现在"开始交易，过去的损失只存在于过去，不会导致痛苦或问题。

如同希腊哲人第欧根尼所说："务必记住，衡量真正成功的标准不是什么驱动你成功，而是你默默了解了什么。"**只要认识到没有任何人能够真正了解他们自己或市场，你就不会继续寻找名师来指引"你是谁"或"市场是什么"。**查尔斯·凯特林（Charles Kettering）曾经说过："真正的关键不在于解决问题，而在于找寻解答。'启发'胜过'支配'。"关于交易，你有两种选择，或是继续与一些不断重复发生的问题或挫折纠缠不清，或是全然抛弃那些令人不快的经验，直视真正的原因。

以下整理一些有益的提示，作为本章的总结：

- 向某人求助之前，先看看他们是不是如他们所吹嘘的那样。观察他们行为的结果，而不是轻信他们的吹嘘。
- 一旦认识到没有人真正了解市场，就不会继续寻求他人指示。
- 他人永远希望你成为他们希望你成为的那种人，如此才能取悦他们。成为你自己，无须取悦他人。
- 某些人连自己都不认可自己，你当然更无须得到他们的认可。
- 只要知道自己的方向，就无须担心其他人的方向。
- 如果不尝试跃起，就永远不知道飞翔的感觉。
- 如果你打算攀升到峰顶，就无须理会山脚下众人的言语。
- 你可以和你不了解的东西打交道，但永远必须遵循它（如市场）的规则。
- 痛苦的交易，让你耗尽力气；顺应内在的交易，毫不费力。
- 如果你允许别人指引方向，也必须依赖他们告诉你旅途上的所需之物。
- 抛弃过去的执着，与市场一起成长。
- 抛弃你自认为难以割舍的东西，真正所失去的，只不过是"恐惧"本身。

·结 语·

　　现在交易者应该已经理解心灵各种层面的重要性，其对交易的影响不低于交易策略。交易策略可能随着市场情况的变化或时间的推移而改变，但交易者的心灵才是决定交易成败的关键。我们强烈推荐各位交易者每隔一段时间都重读本章。根据我们对交易者进行一对一培训的经验，我们的大多数学员都需要重复阅读本章，才能慢慢体会其中的道理。一旦你真正掌握了本章的内容，你可能会惊讶金融交易或者的生活竟然如此简单。

　　在本章中我们致力于说明在交易之前做好准备工作的重要性。心灵的不同层次会影响交易者在市场中的行为。由于市场是建立在数以百万计的不同心灵（交易者）之上，理解价格变动背后交易者心理的变化会为你的交易带来一定的优势。任何一个个人交易者都不可能操纵市场，因此，我们必须放下我们对市场、对交易的预先成见，认识到交易的"圣杯"仅仅就是追求市场所想给予的。

　　我们将在第 5 章中从另一个角度解析交易赢家必备的个性。我们将探讨交易者的三种不同类型的个性或性格，并说明个性对于交易成功的影响。

你属于哪一类交易者

探索你的交易意识

对于任何一种情况，如果你只能看到一般人所看到的层面，那你只是你为之牺牲的文化体系的典型代表者。

——早川（S. I. Hayakawa）

　　1492 年，哥伦布率领一支由妮娜、品塔与圣·玛丽亚三艘船组成的小舰队离开西班牙帕罗斯港，前往加纳利群岛。六个星期之后，舰队离开金丝雀群岛，准备向西寻找通往印度的新航道，结果在三个月之后，意外踏上美洲。直到哥伦布去世那天，他始终认为自己只是完成了原先的计划，拒绝承认发现新大陆。

　　虽然哥伦布并非第一个踏上美洲大陆的欧洲人，但他的确完成了过去已知的探险家所不能完成的工作：在完全脱离陆地视线之外，只凭着天空星星的指引横穿未知海域。我们不能轻视 1492 年探险航程的历史成就。没有哥伦布的这次航行，就不能下结论说人类发现了"新大陆"，就没有欧洲侵略美洲的那段历史。无论是好是坏，美洲文明的发展，甚至整个世界文明的演变就可能截然不同（我们知道，在哥伦布之前，已经有很多探险家到达过美洲，可是，哥伦布在当时被公认为新大陆的发现者）。

　　自从哥伦布发现新大陆之后的 500 多年来，虽然人类的生活发生了很大变化，但人性基本没变。哥伦布是一位真正的投机家，他漠视当时的普遍观点，根据自己对当时地理环境的分析，甘愿冒一切风险。他愿意承担风险，因此发现新大陆，虽然这并非其本意。

5.1　哥伦布：当今交易者的典范

　　一位曾经担任股票经纪人的朋友杰瑞·史多金（Jerry Stockings）告诉我一套有关哥伦布与其时代的理论，这显然也适用于当今的投资者与交易者。同哥伦布时代一样，现在，风险承担者可以分为三类：愿意接受不寻常的风险同时寻找更加伟大事物的领导者；愿意追随这些领导者，接受新观点并承担风险的追随者；不愿承担风险或者接受改变的人，他们只接受已知且经过证实的事物。

　　在前面的例子中，哥伦布代表的是愿意承担风险的领导者，他所带领的全体船员代表的是那些愿意接受新的观点、愿意承担风险，并从中获利的人。至于那些不愿承担风险的讨厌航海的人们，依然安全地待在家里，生活没有任何变化。

你认为你属于哪一类呢？你的选择可以显示出你属于哪种类型的交易者，或者是你将成为哪种类型的交易者。在金融交易市场上，某些人喜欢扮演哥伦布的角色（交易者），另一些人则偏好水手的角色（投资人）。当然也有很多讨厌航海的人（把钱放在银行的人）。

如果你是一个独立思考且乐于做出决定的人，那么即便你的行为遭到大多数人的反对，你很可能还是喜欢充当哥伦布的角色。值得一提的是，愿意承担风险的投机商人通常是最成功、最有冲劲的交易者。

水手们的处境则稍微不利，因为其成败往往取决于领导者的成败。我们经常能听到水手们抱怨同事或者他们身边的环境，或是发生在他们身上的一些事情，就好像他们无法控制这些境遇似的。水手们认为，任何结果真的都取决于外在环境。水手们习惯于听从那些也许、可能、应该比他们更有知识的人的指示。有些交易者会采用经过时间考验的黑盒子^㊀的交易系统，他们不知道这个系统的构造，只是认为这个系统经过时间的考验，应该会有效，但这个系统终究会出现问题。然后，投资者很可能会去找个经纪人或者某种类型的金融顾问寻求帮助。他们认为，这些人既然靠此为生，就应该知道如何更好地在市场中获利。直到 2000 年科技股大崩盘为止，大部分交易者或是投资者都属于这两类。现在，他们发现金融交易并不那么简单。

最后，还有那些讨厌航海的人。由于他们不去冒险，所以他们感觉更有安全感；但是他们也不会采取某些必要的措施去获得一笔额外的收入，或是敢于梦想一段新的冒险。这些人比较容易满足，或是比较愿意容忍不满。讨厌航

㊀ 这里的黑盒子只是指投资者并不了解或理解盒子内的交易策略。——译者注

海的人们喜欢遇事拖延。他们认为，晚点做出一个决定要比对某个决定负责任安全。这些人如果能通过工作累积一些收入的话，宁可把钱存入银行，做定期存款，或参加401K⊖退休计划。他们所不了解的是，这些行为并不能赚钱。万一碰到通货膨胀，利息也许只能勉强弥补物价上涨。目前的利率水平，将显著改变这类储蓄者或投资者的未来。当他们退休时，原先认为足可以让他们生活得很安逸的储蓄，很可能会由于通货膨胀而缩水。

同样的人格特质，也适用于理财规划上的选择，这些选择可以分成相似的三类。你的生活质量，包括交易的成功在内，主要取决于你的信念系统，而不是你掌握的交易知识。

如同哥伦布一样，你可以把生命与交易当作一项探险活动、一个机会、一种学习经验和一个充满无数可能的结果探索。

如果你对待金融交易的态度，像上面提到的水手一样，你就会把交易当作一系列的问题或者负担，或者你必须要根据其他人的观点规划你的行动，他们可能知道也可能不知道你在干什么。这会让你成为一个依靠其他人带给你知识、依靠他人为你制订理财方案的投资者。

如果你是一个讨厌航海的人，那么你的生活或理财方案会变得一成不变，通常不会有所失，但也不会有所得。即便你对储蓄抱有信心，但一旦通货膨胀高于储蓄利息，你所储蓄的金钱，实际上每年都在不停地缩水。

不确定性是生活的一部分。我们无法精确知道明天将如何。市场带给我们的机会每天都不相同，但我们处理市场的方法通常一成不变，原因在于我们的交易方法取决于我们的信念系统。

交易的情况也一样，充满不确定性。你可以是爱冒险的交易者，秉持着信念系统向前迈进。你也可以是投资者，通过收看路易斯·路凯瑟（Louis

---

⊖　401K 账户，即美国的养老保险存款账户，稳定但收益率较低。——译者注

Ruykeyser）的节目或是读《华尔街日报》，听从别人的分析与建议，或者你也可以当讨厌航海的人，待在那里担心可能失去的，而不是可能获得的。

事后幻想自己是哥伦布，通常比较简单，但在当时是否有着哥伦布一样的决心，这才是问题的关键。你现在究竟是谁？你的人格特质目前属于哪一类？公元 15 世纪，谁过着比较好的生活：哥伦布、水手或讨厌航海的人？谁能肯定呢？有一点是肯定的，哥伦布是我们唯一记住的人。

有时你认为自己属于某种类型，但实际上却属于另一种不同类型的时候，问题就出来了。举例来说，你可能自认为是水手，但实际上你心底却具有哥伦布的特性；或者你自认为是讨厌航海的人，但内心却渴望跟随伟大的领导者在船上扮演水手角色。

如果你想当一个探险家，实际上却是一个讨厌航海的人，那么你就可能会不满意，觉得不高兴。如果你是一个探险家而自认为是讨厌航海的人，那么面对生活或交易过程不断遭遇的各种挑战，你就很可能会变得很紧张，倍感压力。

我们多年与交易者（每天超过 2000 个）打交道的经验告诉我们：哥伦布理论成立。不是每个人都适合做标准普尔 500 指数的交易者。刚开始，很多人从事日间交易（持仓超过一个交易日），表现不错，然后决定进行日内交易。这样一来，问题就出现了。

这些年来，经常有交易者来找我们，他们自以为是短线交易者，实际上却不然。通常这些人都要亏不少钱之后才肯面对事实。当他们肯面对事实的时候，就会发现这些市场并不符合他们的信念系统，因此他们的努力也就不能带来成功。

在市场中，船长（哥伦布）的长期表现总是优于船员或讨厌航海的人。自认为是船长的船员，对于是否应该建立某笔交易的相关决策，往往会产生不必要的紧张情绪。一般来说，只要进入市场，忧虑就开始产生；如果行情出现几次不利跳动，这些人就开始心虚。由于害怕，所以设定止损，但止损总是被打掉。每当他们认赔出场后，行情就会发生反转并向着他们此前认定的方向运行。有时船员也能获利，但通常过程很辛苦，盈利也很有限。这些船员需要一位有着一往无前精神的船长带领。

自以为是船长而实际是讨厌航海的人，在市场中很快就会失败，然后对市场与自己的理论变得十分愤慨。讨厌航海的人到目前未为止还是不了解市场，因此交易生涯也很短暂。他们被一些经过包装的电视节目或者虚假的广告所吸引，他们通常都承诺会有丰厚的收益，可实际上都几乎无法实现。

5.2　交易者实例

真正的短线交易者，当然有各种不同的特性，但基本信念系统都有固定脉络可循。以下介绍几个例子，我们不提及真实姓名。

瑞恩是一位现年28岁的百万富翁，拥有一家网络公司。他打电话给我，请教一些有关交易操作方面的问题。自从成立自己的公司之后，他也开始交易其他网络股，并且交易纳斯达克指数。刚开始，一切进行得很顺利，最初三个月的获利高达68%。可是，接下来就开始赔钱了。他很快意识到，如果想要成功，自己需要找到一艘更适合航行的船只与航海工具。这种领悟，开始促使他寻找符合自己信念体系的系统或指标。他知道自己并不厌恶风险，因为他很享受交易的过程，也很享受纳斯达克指数或标准普尔500指数的剧烈波动。

亏损并不会使瑞恩焦虑。事实上，他每天都期待接受新的交易挑战，对于市场所能够提供的机会也很感兴趣；他坚信只要拥有适当的工具，他可以通过市场交易获得丰厚的回报。

这就是我们公司（PTG）的任务，协助他找到合适的交易系统。一旦我们完成了目标，我们就可以出海探险了。瑞恩不害怕亏损，敢于承担重大风险。

他表示曾经一天亏损超过 30 000 美元，也曾经一天赚进 40 000 美元，可是，其操作绩效缺乏一致性。他试图战胜市场，而不是跟随市场，而后者才是交易成功的关键所在。他在交易中最需要的就是一致性与交易纪律。

他所设定的风险 / 报酬比（也被俗称为盈亏比）很高，同时他也缺乏耐心，我们知道瑞恩是不会在市场中小步行进的（像模拟交易练习那样）。他从我们这里找到新指标和获得新知识之后，就迫不及待地跳进市场。他的交易技巧几乎在一夜之间就大幅提升了。由于他已经找到自己需要与喜爱的工具，所以能够自行掌舵，自负盈亏了。可是，他不是漫无方向地航行。他每天都有新的目的地，迫不及待地想要探索这些新领域。

今年，其交易账户的获利高达 6 位数，并期待明年会翻倍。

让我们看看另一个例子。

杰克是位 28 岁的律师，有两个小孩，是位相当成功的诉讼律师。一天下午，他打电话给我们，询问有关股票市场的一些问题。他读过我们的一个有客户感谢信的广告，表示很感兴趣。他把他大部分的钱都放在了嘉信理财公司（Charles Schwab）的一个投资账户上了。他盈利不多，因此听从了同事的一些建议，想要投资科技类股票。

除此之外，CNN、FNN 等财经频道的分析，以及他所阅读的各种资讯，都在大力推荐科技类股票。所以杰克将 50% 的资金投资于共同基金，剩余资金则买进科技类股票。对于过去五年账户净值的表现，杰克觉得很满意。他什么都没有做，账户净值持续增长。因此当情况开始恶化而纳斯达克指数在五个星期内崩跌 38% 时，杰克觉得自己是遭到屠杀的一分子。

杰克是否可以采取一些行动避免这些灾难发生呢？他原本计划用投资赚来的钱供两个小孩上大学，但他知道，行情如果继续下跌的话，他的所有计划显然都会泡汤。

　　杰克希望知道我们是否可以帮助他了解如何理财，或最起码也让他知道如何观察股票走势，了解股票未来的可能走势。他希望知道何时应该出场，何时应该考虑长期持有。

　　身为成功的律师，杰克不喜欢失控的感觉，并且随时准备自己理财。股票经纪人只能在事后给他点安慰，却从来没有建议过让他出场。这点让他非常不满。杰克认为，他支付高额佣金给经纪人，那么经纪人就应该提供相应的服务，在该出场的时候给予他建议，尽可能把损失降到最低。可是，他发现自己所支付的高额佣金，只能换来虚幻的安全感。

　　关于未来，股票经纪人没有任何建议。他告诉杰克，亏损是股票投资必然发生的情况之一，行情最后还会涨回来。他知道经纪人每天都会向他推销一些公司要他推销的股票。无论这些股票到最后是涨是跌，经纪人都借此赚取他们的佣金。

　　杰克现在正寻找某种有效的神秘系统，或任何足以让他更了解股票行情的东西。专家提供的分析报告或建议，确实能够解释过去所发生的行情。他们虽然谈到"标准普尔 500 指数过去 10 年都没有出现超过 20% 的跌幅"，但他们也告诉另一些经验丰富的投资人"已经涨得太多，随时可能发生大幅下跌回调"。

　　杰克不属于经验丰富的投资人，所以他从未想到会发生崩盘走势，将来也不希望再陷入其中。杰克显然不希望成为一个日内交易者，但他希望能够自行解析市场走势。我们知道杰克不是激进的交易者，所以我们只考虑走势相对平稳的市场，当然这个市场也必须有合理的获利空间。他没有必要针对市场的每个信号采取行动，同时每一类股票的投资金额也不超过总资金的 20%。他采用非常保守的策略，只要指标出现信号，他就获利了结。

　　利用这些新取得的知识与技巧，杰克能够自行评估自己的共同基金账户，了解何时应该更换操作或出场。这套方法的获利能力不错，而且不会造成压力。每个晚上只要花 20 分钟，就能完全检视手头上的投资组合。如果需要下单的话，他也能够通知他的经纪人。然后他可以与家人愉快地共进晚餐了。杰克所需要的，仅仅是了解股票市场运作的感觉，并根据自己的而不是别人的信念体系进行投资。

让我们继续讨论最后一个例子。

安德鲁是某家大型企业的财务人员。他并不很喜欢自己的工作，但已经做了 20 年，大约再耗 10 年就可以领退休金了。他的大部分投资都放在 401K 退休账户中，其他资金则放在银行，甚至利息收入还低于通货膨胀。他的姐夫在股票市场赚了不少钱，这引起了他的兴趣。可是安德鲁的信念系统不允许他冒风险。安德鲁的太太认为，他姐夫投资的方法简直太激进了。

安德鲁陷入两种不同力量之间的拉扯：一方面，他想赚更多钱，早点退休，或者在退休后有能力过上更高质量的生活；另一方面，他又害怕承担风险的，可能会让他一无所有。他最害怕的是到他退休的时候，通货膨胀使自己无力负担自己所想要的生活。他非常想要提高投资回报率，但又自认为一定会投资失败。他长久以来一直都从事财务分析工作，实际上，他的工作就是在帮助公司规避风险，因此他属于风险厌恶型投资者。

安德鲁偏好储蓄，从一开始他就不应该进入金融市场冒险。我们很难发现他到底期待从市场中获得什么，甚至认为他根本就不应该进入市场。

首先我们要确定他的目标，然后考虑在他实际愿意承担的风险内，他的目标是否具有可行性。就安德鲁来说，他想把一部分存款投入到共同基金里面，赚取稍高的利息，然后把剩下的钱存在 401K 养老账户里面以便日后交易，但是他决定在真正冒险之前，先模拟交易一年。毕竟他是财务分析人员，他首先要说服自己，他现在真在从事的工作可以帮助他盈利，就像我们所宣称的那样。然后根据他的决定，我们将协助他规划股票交易的资金大小与股票种类的选择。

由于他用自己的退休金（401K 账户）进行交易，所以他只能在股票市场中做多，这种类型的账户不允许被用来进行其他类型的投资或交易。他想要做像蓝筹股那样的长期投资，这类股票在市场中流通的时间原则上要超过他本人的寿命。对于安德鲁来说，他觉得这样才能让他安心。他能够继续维持保守的态度，同时还能对投资有了进一步了解。这种长期的投资行为，不只能帮助他克服通货膨胀的威胁，还不会影响他晚上的睡眠质量。

了解自己的个性，判断自己属于哪种类型的交易者，可以让交易变得更简单、更有趣。这也让你对市场交易有更为清晰的认知。充分运用这方面的信息，能够让交易进行得更顺畅。关键是要根据自己的信念系统交易。只要你能做到这一点，钞票自然就会滚滚而来。

· 结 语 ·

展开一段新旅程之前，首先要知道旅程的目的地。这对于你的人生与其他人的生活，可能会产生预期之外的重大影响。就像哥伦布永远都不曾想到，他竟然对世界产生了如此巨大的影响。

身为交易者，首先要了解自己属于哪种类型，并据此进行交易管理，这对于未来交易的成功将产生关键性影响。本章探讨了三种不同的交易者类型，每种类型各有不同的信念系统，对于市场的期待也不同。如果我们不知道自己想要什么，就几乎不可能得到我们想要的。我想，我们必须弄清楚自己究竟想从市场得到什么，以及我们愿意付多少代价获得这些东西。如果在正确的指导原则下进行交易，你就会得到你渴望的结果。

哥伦布离开欧洲时，不清楚自己会找到什么，但他知道地球的另一边存在一些值得他冒生命危险去探索的新事物。金融市场也提供类似的神奇旅程，在我们抵达那里之前，不能预知结果。只要我们追寻自己的目标或梦想，不论你是哥伦布、讨厌航海的人或船员，结果都没有太大差异；在交易旅程上，各位都有可能发现未知的"新大陆"。各种可能性都存在，所以请享受你的旅程，并且与大家分享你的发现。

在第 6 章中我们会更深入讨论一些真正足以制胜的市场策略，以及适用于各种市场日常交易的技巧。

超自然交易 / 投资

越深入研究物理学，我就越被形而上学吸引。

——阿尔伯特·爱因斯坦

本章标题看起来似乎颇为自大。什么叫作"超自然"交易/投资呢？所谓"超"，是对指其结果而言。所谓"自然"，是指无论是我们面对的市场还是我们的思维模式，都是自然的产物。采用这种方法的目的，是希望交易者在交易过程中能听从自己的心灵，重新发现那些自孩提时代就存在的自然冲动，这些源自你自身的自然冲动会使提高你交易的信心，并最终提高你交易的结果。这套方法不只会指导你**如何**进行交易，更为重要的是这套方法会教你怎样取得更好的交易绩效。

对于那些想要从事交易，或在交易市场已经尝尽苦头而想进一步学习提高的人，这套方法可以算是一本交易的操作指南。该方法适用于那些准备好自己开动脑筋进行交易的投资者或交易者。

大多数交易者花费了大量的时间有意地（注意是"有意地"）去试图战胜市场，平均90%的交易者最终会失败。因此我们或许应该停止运用显意识心灵来指导交易，而应该尝试其他方法。这正是本章所要阐明的。本章所讲内容独一无二，在一般的金融交易或投资的书籍中都没有被提及。其他书籍或其他的方法总是教你如何使用随机指标、相对强弱指标或其他一些指标或软件，但它们没有告诉你一些最重要的东西——如何使用心灵来指导市场交易。

把大脑（心灵）的每个部位，想象成不同的乐器。只有正确了解每种乐器，你才能演奏美妙的乐曲，例如：吹笛子必须用嘴唇，弦乐器必须用弓，敲鼓必须有鼓槌。交易之所以失败，往往是因为我们不懂得大脑各部分的功能。发生亏损时，往往不知道这只是因为我们使用了错误的工具。就像拿着鼓槌拉小提琴，无论再怎么努力也不会拉出动听的乐曲。

如何选择适当的工具、如何使用恰当的工具，这是一种可以学习的技巧。投资者可以利用本章的讲解，解决心灵里的困惑。本章的内容将为你指引正确的方向，为你照亮前行的路程。

让我们先看一个例子，你如何借由两只脚站立？站立是多种机能配合的整体性技巧（每个人都要会懂得该怎么做）。交易也是一种整体性技巧（每个人都懂得怎么做，读到这点时你可能正在市场中进行交易），投机（投资）也是如此。学习任何整体性技巧之前，首先必须精通相关各部分的技巧，例如：如何绷紧肌肉，如何放松肌肉等。一旦各个部分技巧熟练之后，整体性技巧的运用就变得很自然，而且会储存在脑海的记忆库之内。

本节的目的是为交易者阐明，我们应该基于市场进行思考，而不是针对市场进行思考。

练习是沟通心智与直觉的桥梁。

6.1 你潜在的心理结构

为了取得最好的效果，在进一步阅读之前，请大家先做下列练习。你也许会惊讶于自己在无意间（不被有意识的左脑支配下）的洞察力。因此，如果可能，最好让别人大声念出相关的指示，你则将注意力放在作答之上。如果没有人帮你念，那么分段阅读。每阅读一段，写下你的看法或做标注。请注意，一定要按顺序逐段阅读，不要跳过任何一段，也不要提前阅读下一段。

6.1.1 探索你的内心世界

尽量轻松地坐着或躺下，闭上双眼。随意地想象一些现实中可能发生或不可能出现的画面，不要说话。给自己充裕的时间，不要急。慢慢睁开双眼，尽可能回忆刚才的细节。记住你所见、所做或所想的东西。在白纸上写下相关的细节。

现在我们开始，假设你站在森林中的一条小路上，四处张望。你觉得这片森林看起来怎么样？现在属于什么季节？小路看起来如何？笔直或弯曲？路上是否有石块？尽可能记录相关细节。

（写下相关细节，然后再继续阅读。）

> 为了取得最好的效果，
>
> 在每段实验之前，
>
> 不要预先阅读此后的文字。
>
> 每段至少花60秒钟，你需要对相关细节进行记录。

现在，沿着小路往前走，看看能够发现什么。你会看到地面上有一把钥匙。钥匙的形状看起来如何？请仔细描述。有什么用途？你打算用这把钥匙开锁还是上锁？不要急，慢慢来。你打算拿这把钥匙做什么？

（写下相关细节，然后再继续阅读。）

继续沿着小路往前走，你看到一口古老的深井。井沿旁边有一个水桶和一个杯子。请描述这口井的情况。井里有水吗？如果有的话，水看起来是什么样的？你做了什么？

（写下相关细节，然后再继续阅读。）

继续往前走，进入森林深处。你看到一只熊走过来，熊似乎会挡着你前行的道路。会发生什么？你做了什么？务必详加记录。

（写下相关细节，然后再继续阅读。）

碰到熊之后，你又往前走，来到一片空地，空地上有间房子。这间房子看起来怎么样？你做了什么？后来又发生什么？

（写下相关细节，然后再继续阅读。）

继续往前走，来到一个湖边。这个湖看起来怎么样？你做了什么？

（写下相关细节，然后再继续阅读。）

离开湖边之后，继续穿越森林，然后碰到一面又高又大的白墙。这座墙很高，你不能看到另一面的情况。想想你会做什么？

（写下相关细节，然后再继续阅读。）

现在，回到现实世界，深深地吸几口气，思考刚才遇到的景象。对照你的记录，尽可能回想相关细节，我们将会一起详加探讨你刚才想到的内容以及这些又意味着什么。

6.1.2 评估你的森林漫步

森林：代表你目前交易生活的现况。春天代表你的交易刚刚开始，充满希望；夏天代表你的交易生涯已经发展到高峰；秋天意味着交易已经发展到稳定状况，没有什么特别值得期待的；冬天代表你交易生涯已接近尾声。

小路：代表你对于目前交易生活的感受，平顺或崎岖、笔直或弯曲。

钥匙：代表你与市场之间的关系。举例来说，你随身带着古老精致的钥匙，或丢掉的生锈钥匙。

井：象征着交易生活中的乐趣。你有没有从中获得继续交易的动力？

熊：代表你的感受。你如何处理你的忧虑或恐惧，如何处理不顺利的交易，你是走开还是紧闭双眼，或是选择面对？

房子：代表你的心智或灵魂。你的房子里是否有人？你走进去看了吗？你看到了什么？

湖：代表你的性特征与最深层的感受。你对自己的生活是否满意？你是否享受你的生活？或者你是否看到了幽黑、充满泥浆的湖泊？

高墙：代表最终结局、死亡，以及你对于死亡的感受。某些人会直接越过高墙，另一些人会绕道而行，还有一些人会后退，有些人则想方设法去看到另一侧的景象。

多年来的交易经验使我认识到一个事实。没有人能真正地基于市场进行交易，每个人的交易都是基于自己对市场的解读，基于自己的信念体系。在我们的个人私教课程中，我们从更深的层次探讨了个人信念系统是如何帮助或妨碍你进行交易或投资，但由于篇幅原因，本书中我们暂不做这方面的详细说明。

6.2 个人信念系统如何影响你的交易成果

> 金融市场是混沌的产物——犹如一锅在交易者心理烈焰上煨着的热汤。

换言之，交易一直都是一种心理活动。有人说，生命中只有一种疾病，那就是堵塞或阻塞，交易市场亦是如此。因此，如果想做到稳定盈利，我们必须做到：

> 追随趋势，
>
> 随波逐流，
>
> 永远和趋势保持一致。

市场就像图书馆一样，可以提供很多问题的答案。我们的工作则是学习如何提出正确的问题。首先你要学会"快速读懂"市场。在你掌握这些简单的技巧之后（具体方法详见下一章），就能够在 10 秒钟或者不到 10 秒的时间内，正确评估任何时间周期的任何市场，精准地判断何时可以入市交易、市场将向哪个方向运行，以及如何进行交易管理。你应该可以做到这一点，因为市场是三维的：

> 时间 + 价格 + 个人心理

就是这么简单，一旦你真正理解了，一切都会变得很简单。此外，如果你真正理解了，就知道市场不会击败你，击败你的是你自己对于市场的认知。击败市场意味着你必须知道一些市场所不知道的信息，而这种情况基本不可能出现。

客观系统显然无效，因为市场并不客观。市场是一种持续变动的复杂过程。理性解决不了问题。经济学家是理性的，但他们几乎从未准确地预测出市场走势。天文经济学讲究借助自然的力量进行自我调整，一致性获利法主张自我调整，根据市场的力量进行调整。不论宇宙还是人类，都是这种自然力量的一部分。

只专注于埋头自学通常也不是好方法。让我们看一个古老的关于学习的故事。曾经有位智者读完了所有关于哲学的书，成了一位哲学家。接着他又阅读了所有关于数学的书，成了一位数学家。然后他通读了所有关于游泳的书，结果却溺死了。金融交易不同于学习哲学或数学知识，学习金融交易更像是学习游泳，有些东西只靠着阅读和理解是不够的，你必须去亲自实践。你只能在泳池中（通过自己尝试）学习游泳，同样，你只能在市场中学习交易。

我们所想要探索和了解的是市场的本质。就好像水一样，水有多种形态：雪、冰、冰雹、雨淞、雾、蒸汽——本质上仍然是水。市场的形态可能有很多种，但我们想要了解的是不同市场形态的本质。

普遍智慧就像水一样。个体心智和个体市场则是这种普遍智慧的不同形态。绝大部分交易者并没有深入了解这种普遍智慧，交易时反而像在梦游。何谓真正的交易者，还有待你去探索。问题是，你们究竟是想要一本食谱还是一份地图？你需要的是可以遵照执行的食谱还是想要了解烹饪的精义？一致性获利法会帮助交易者驾驭自己的心灵，从而获得交易的成功。

让我们来进行一下详细说明。本书作者之一，曾经作为基本面分析的信徒从事交易多年，结果并没有多少盈利。然后他花了大约 20 年时间利用技术分析进行交易。不过在早期，技术分析并没有被大多数交易者认同，当时普遍的观点是只有吉卜赛人和一些愚蠢的交易商才使用技术分析。现在作者得出结论，市场是行为型，实质上，市场只不过是你、我或者其他数百万从事交易的各种交易者的各种行为的综合体。

你应该还记得本书第 1 章中我们利用《摩登原始人》的例子来说明的市场的本质吧？当时我们强调，是交易者对于价值的不同观点推动着市场的运行，与客观价值或事实之间没有任何直接关联。换言之，交易双方对价格的观点一致，但对价值的观点不同。

　　　　注意！没有真实，只有感知。

因此我们都是根据我们的价值观点进行交易，推动市场运行的是我们整体的价值观点，而不是经济、政府、基本面影响或技术分析因素。另外，这也不是随机漫步现象，只是在不恰当的分析下，乍看起来类似随机漫步现象而已。如果我们能够真正看到所发生的一切，交易就不会给我们带来挫折感，反而会使人着迷。

读本书的大多数人还处于"成为"的阶段，否则就无须阅读本书了，大可以到户外打打高尔夫球、玩玩帆船、游泳或观看比赛。你阅读本书，是希望能够变得更好。"需要变得更好"是你玩得最糟糕的游戏，因为你将因此被放在被迫的情境中。举例来说，如果你想成为一位踢踏舞者，首先你必须准备舞鞋、服装等必备物品，然后必须上课、跟着录像带学习。在经过多年的练习之后，你才可能成为真正的踢踏舞者。

上面是我们想要做任何改变时，最常采用的方法。可是，无论是市场还是整个外在世界，却是以"是—做—有"的程序运作的[⊖]。首先，你必须真正想要成为（是）一位交易者。然后，你走进交易市场进行（做）一些交易，期待

　　⊖　be-do-have 是—做—有，一种行为模型。——译者注

将来有一天（记住，这是左脑的功能）你能够得到（有）你所梦想的东西。我们就像亚历山大大帝一样，在得以放松与休闲之前，首先必须征服世界。还记得第欧根尼告诉亚历山大的那句名言么？我也要在此再次重复，（在你征服世界之前）你会先死掉。

所以，答案是什么呢？答案是根据现实做自我调整，然后由此处出发。

关键在于认识到左脑的功能：求取生存。正如第 3 章谈论的，大脑中这部分的主要功能是求取生存；次要功能则是确保你拥有工作，永远都有问题等待你解决。不妨想想看，如果你的工作是解决问题，但突然没有任何问题需要你解决了，你当然会担心是否能够保住工作。碰到这种情况，一般人通常会如何应对呢？答案是：制造问题。这也是一般交易者的反应。我们经常可以看到，有些人可以连续获利，然后因为某个愚蠢的决策，亏掉此前的所有盈利。某种程度上，我们都有类似的行为。仔细看看这个逻辑机制的最终结果，我们可以继续着重于解决问题（例如跳舞），但同时这种逻辑机制会妨碍我们持续稳定盈利。

6.3 我们大脑的工作机制

6.3.1 大脑类似房屋

想象一栋有地下室的两层楼房子。意识心灵（左脑）住在第一层楼，能够透过窗户往外望。但是当意识心灵在往外观望时，会被屋外的树木、灌木丛遮住部分视野。电话是意识心灵与外部世界联络的唯一途径。电话连接到地下室的脑核。所有信息的流入与流出，都必须通过这个途径进入地下室。记忆库也位于地下室（脑核）。脑核没有决策权力，也就是说脑核不能回答任何的问题。脑核的唯一功能，是根据意识心灵发出的要求提供相应的记忆资讯。举例来说，你打算从家里到市中心，地下室的记忆库就会提供去市中心的相关数据。你记得如何走到车站、如何打车以及上次去市中心打车花了多少钱。所有这类信息都储存在地下室（脑核）的记忆库内。

信息提取过程当然有着局限性。你过去的经验局限着你的反应。你只能利用过去的经验来解决同类型的问题。

这里还有一个微妙但至关重要的关键点。当这类解决问题的方法被储存起来时，是整体性的储存。换言之，当时所发生的所有事的感官印象都被一同储存起来。这意味着你经历的所有的事情以及先前的类似的情景都被贮藏在记忆库中。假设你曾经经历过一场火灾，成功地爬出房间救了自己。如果现在有人大喊一声"着火了"，你很可能本能地在地面上爬行。为什么？因为这种方法上次奏效了，使你生存下去。当你碰到相同或类似情况时，记忆库就会自动提供在此前有效的解决方法。

换言之，求取生存是意识心灵的最高宗旨。如果某种方法在过去使你生存，再次遇到类似情况时，意识心灵也会自动采用相同的方法。

6.3.2　运用于交易

我们在交易时通常会忽略两件事。首先，我们最近一次的错误往往会影响我们现在的交易；其次，意识心灵再一次获得成功，我们固有的思维模式再一次得到强化，因为它又一次保障了我们的生存。意识心灵处于控制地位，因此它会制造出一些新的、待解决的问题。

我们在每天的交易中都会遇到相同的情景。发生亏损时，我们认为自己需要其他技巧、更多资讯、新指标或某种崭新的方法。事实上，我们所需要的是新的思维。只要改变思维，所有的交易问题都能得到解决。意识心灵通过使现状能维持的方法来解决问题。如果你是一位市场输家，除非你改变心态，否则很可能一直无法从失败的泥潭中逃离出来。现在，如果你确信自己需要改变心态，让我们首先看看大脑是如何工作的。

6.3.3 脑核

脑核是记忆的贮藏库，衔接超意识和右脑。脑核处理信息的能力，是意识心灵的成百上千倍。关于你午餐的各种信息，现在就正在由你的脑核处理。呼吸频率、血液化学成分、体温调节，以及记忆库内的所有信息，全部都由脑核负责处理，完全不受意识心灵干扰。你可能立刻就会想到一个问题：怎样才能使用功能如此强大的脑核来帮助我们进行交易呢？相信我，方法是有的，当你将注意力专注于此时，你的交易绩效立刻就会发生变化。注意，不是在经过几天或几个月模拟交易之后，而是立刻。

意识心灵的功能在于语言、判断、时间感知，同时，想努力做到某事，这种感觉也是由意识心灵支配。这都不属于脑核的功能，所以如果你想要运用脑核的话，就必须在交易决策程序内排除这些功能。举例来说，在你阅读这篇文字时，脑核就在运作。阅读这篇文字时，你很少用到意识心灵。眼睛接触到的信息是意识获得的信息的成千上万倍。事实上，你现在正处于一种反应过程中，你正在提取落在视网膜的所有视觉刺激，并且在一分钟之内要利用意识进行分类整理。这种程序是必要的，否则你无法对外界的环境刺激做出适当反应。

让我们再次强调，脑核的功能在于储存，把信息储存在记忆库里；同时脑核也是过滤器，将从五种感官得来的信息进行过滤。脑核也有维持身体和大脑正常运行的功能，它是一种功能极其强大的精密仪器，但我们在交易过程却很少用它来指导我们的交易。脑核的主要缺陷在于缺乏创造力与推理性，它相信所有输入的信息。如果你对它灌输一种赔钱或者积累财富的信息，相反地，这会影响你的交易。脑核的另一个主要功能是与右脑的超意识心灵直接衔接。

如果将大脑比作一台电脑，意识心灵相当于程序和软件，无意识心灵（脑核）是中央处理器（CPU），超意识则是与所有其他电脑衔接时必需的调制解调器。

6.3.4 超意识右脑：衔接市场与其他交易者的调制解调器

超意识是心灵的一部分，即知道但不知道如何知道（knows without knowing how it knows）的心灵部分。这部分的心灵我们通常称之为直觉，同时也是影响交易盈亏的最重要因素之一。当超意识占据主导地位时，一切会变得很自然、丝毫不费力。请特别注意关键词"丝毫不费力"。你很容易判断自己现在究竟是由哪部分心灵主导，因为市场与外在世界都是内在心灵的客观反映。如果你觉得外在世界（市场）使你乐在其中，生活充满乐趣，这说明你的右脑或超意识在起着作用。如果交易或生活对你是一种折磨，这就说明你在运用心灵中最愚蠢的部分，也就是俗语中的"醉猴"部分⊖。如果生活就像过山车一样，有时好，有时糟，这意味着脑核占据着主导地位。

如果你同时使用这三种不同的心灵，并让它们各司其职，发挥它们各自的长处，那你就处于最快乐的状态，同时也有着最高的效率。

右脑有三种重要功能：洞察、直觉与灵感。这部分心灵具有创造力，也最能代表市场行为。

6.4 整合为交易框架

让我们回顾一下亚历山大大帝的故事。他是典型的左脑思维的代表。目前

⊖ 这里的"醉猴"是美语中常用的固定说法之一，类似于中国人常说的心猿意马。——译者注

教育体系着重训练的也正是心灵这一部分。即使是在大学或研究所，我们也很少能学习到如何使用心灵的其他部分。目前教育体系并不能解决我们生活中最重要的问题。你阅读本书的原因与亚历山大必须征服印度的原因一样。如果你想在交易领域获得真正的成功，就必须像第欧根尼一样，学会放松，研究自然的规律。同时这个过程必须由你自己完成，这个世界上没有任何其他人能够代替你完成这部分工作。这是一个不断减少干扰因素的过程。我们没有必要进一步追求或探索哪些东西不是这样，我们所需要的是更好地运用那些我们已经知道，但我们并不知道我们已经知道的东西。

亚历山大是处在"成为"的阶段，而我们的目标是达到"是"的层次。让我们看看人们的生活究竟是怎样的，并从中提炼出普遍通用的通论。为了看清生活和我们所得到的结果，我们必须看清楚事实。为了保持普遍通用的性质，我们必须实事求是。换言之，目前的事实就是你正在阅读这些文字。我们可以通过绘图方式，把目前事实表示为空间 1，其他所有东西为空间 2。

空间 1 → 空间 2

我们采用上面这种空间 1 到空间 2 的说明方法，主要是为了认清自己。认清自己的唯一方法是认识到"在你发明（想象）空间 2 之前的已经发生的事情（也就是空间 1）是完全可以接受的"。大多数人对于空间 1（已经发生的事情）都会有抵制情绪，这种抵制情绪就使我们陷入左脑掌控之中。左脑永远都会寻找更大的问题——显然这不是一个能使我们获益的解决策略。这种思维程序在西方的文化中屡见不鲜。

此处还有一个重要事实：空间 1（现实）无法给人以促动。投资者之所以学习本书提供的方法，是因为存在一种幻想（空间 2），认为只要花时间阅读这些内容，就可以明显改善交易的绩效。换言之，研读本书可能让你找到某种东西，使你成为更好的交易者。事实上，相同的情况也发生在你进行交易时，因为你当时存在一种幻想，认为市场可能上涨或下跌。如果市场没有波动（市场不符合我们的幻想），就不会有交易产生。因此，我们可以将市场定义为，当两位参与者的幻想对立时——一位交易者认定行情将上涨而入市做多，另一位交易者却认为行情即将下跌而开始做空，就产生了市场。经纪商属于例外情况。经纪商告诉你，行情将上涨，却把东西卖给你。为什么？因为他们的主要工作就是销售。

6.4.1　西方交易者的世界观

根据西方人的观点，我们将一个人看作一个独立的个体，几立方英尺⊖的皮包肉的活体，顶端有一个被称为脑子的组块。脑部组块里正在进行着复杂的化学反应，让我们拥有直觉、情绪、思想与自我认知。

我们相信内在部分是"本我"，外部则是"非我"。其他任何人或任何事物（其他交易者与市场本身）当然也被归类于非我的部分。

6.4.2　另一种观点：我们是一个统一体

关于我们本身与外部世界（尤其是市场）之间的关系，当然不只有这一种观点。数千年以来，其他思想派别的人还有一种不同观点，我们将其称为超意识或右脑观点。现在还有很多人认同这一观点，例如东方人、禅宗信徒、量子物理学家、理论数学家、专业音乐家、艺术家等。

按照这种世界观，这里让我们引用理论物理学家詹姆士·杰恩斯爵士（Sir James Jeans）的名言来说明，宇宙与市场比较像是"庞大心灵"而不是"庞大

⊖　1 立方英尺 =0.028 316 8 立方米。

机器"。我们每个人都是这个庞大心灵中的一个组成部分，而不是一部庞大机器中独立运作的一个齿轮（而这正是西方文化中的观点）。根据这种观点，我们不仅仅只是一个独立的、相互之间毫无关联的个体，相反，我们是所有已存在的集体意识的一个也许很微小但是极为重要组成部分，简单来说，我们都是整体的一个组成部分。也许我们没有意识到这一点，这是因为西方世界观主导着我们现今生活的世界。

6.4.3　看不见的关联

一株蘑菇在你的前院破土而出，它看起来像是一个独立个体。可是这种被我们称为蘑菇的拇指大的小东西，实际上却是地底某个庞大真菌链（也被称为菌丝体）的一部分，菌丝体的规模可能有足球场那么大。所以草地上散布着数以千计的蘑菇，每个看起来都是独立的，实际上却是某单一有机体的一部分。这种现象带来了一个很有趣的问题，同时也可能代表另一种世界观。这个有趣的问题就是：这个小蘑菇自认为自己是一个独立个体吗？还是某个更庞大组织的一部分？同样，虽然我们自以为是独立的个人，但是否可能我们也是某种更大组织的一部分？市场是否也是也是某种更大组织的一部分？

6.4.4　宇宙或市场海洋

海洋中的波浪，看起来是独立个体，它出现并且存在了一段时间。我们可以看到海浪向某一方向的流动。我们可以倾听海浪的声音，当我们在海边散步时，我们甚至可以猜测海浪能够在沙滩上推进多远。在市场上，我们将波浪称为趋势。可是波浪最后还是会消失在海洋中（我们将海洋等同于市场）。你不妨把自己想成是海洋中刚形成的波浪，但最终仍然会流回海洋。这样你就会了解自己（个体）和市场一样，都是共体意识的一部分。

6.4.5   神的概念妨碍我们了解市场

按照西方观点，神是一种至高无上的个体，独立于世界之外。神是宇宙的创造者，如同一家企业的创始人兼首席执行官。可是，在另一种世界观之下，神不独立于世界之外，而是所有意识的集合体。所以神就是一切，就是芸芸众生的意识的代表，包括你、我、特蕾莎修女（Mother Teresa）与艾尔·卡彭（Al Capone）⊖在内。按西方人的观点，如果某人自称为神，就说明他是疯子，因为他将自己置于我们每个人之上。可是，在另一种世界观之下，如果某人自诩为神，这可能是因为他明白每个人、每个事物都是神，因为神只是我们由所有人、所有事物组成的共体意识。

6.5   市场中的因果关系：所有系统的构建基础

按照西方的世界观，每个独立的行为，都会对世界造成特定影响。而另一种世界观（混沌理论）却认为，你做的任何事情都与其他事情相互关联、相互依存。我们以邻居家的猫为例，猫从这家蹿到那家，在西方人眼里，这只猫的行为纯属随机，与其他任何事情无关。可是在另一种观点之下，这只猫是因为被另一家人种植的金银花吸引，所以才会靠近另一家人的院子，而这家人在 1920 年的大地震之后就搬走了。这栋房子的下一位主人，养了一只看家狗，因为此前房子曾经被盗。因此，实际上，这只猫现在的行为，受两个因素的影响。首先，（已经发生过的）地震，如果没有地震，此前的那家人就不会搬走；其次，对潜在（未来）危险的恐惧，毕竟新来的那家人养了一只"可爱的"看家狗。这种观点也适用于金融交易。事实上，这种观点可以解释技术分析为什么只对一部分人有效。两个交易者采用相同的技术分析，一位交易者获利，另

⊖ 艾尔·卡彭是著名的美国黑帮老大。作者在这里举这两个例子是为了说明神是所有人意识的集合体（无论是圣人还是恶棍）。——译者注

一位却亏损，原因很简单——他们的世界观并不相同。

我们生活和我们交易的是两个不同的世界，就如同物理学家知道他的餐桌实际上是由微小的原子构成的，在原子之间有着极大的空间，不过他仍然将他的午餐放在桌子上，丝毫不用担心会掉在地上。我们可以运用西方人的观点来生活和交易，同时也可以解放我们的思想，去学习另一种世界观。

了解另一种世界观的步骤

首先，将整个过程进行拆分，并逐步进行，这是纯粹的西方世界观下的思维或行为模式。实际上，这些看似独立的每一个步骤相互间都是关联，并相互制约的。然而，对大多数交易者来说，第一步都是清空你的头脑，即放下你固有的成见。

使我们陷入泥沼的不是未知，而是我们自以为我们知道。

我们的心灵中充满各种各样的想法，正如同前文指出的，意识心灵在本质上只不过是一系列的想法。一旦你有厌烦、焦躁、疑惑、恐惧的感觉时，你的心灵（也就是想法、念头）就会失控。就在这一刻，我们会有一些稀奇古怪毫无逻辑的念头（例如：到底什么时候他能给我带来赚钱的机会；我想知道我喜爱的足球队员正在干什么；我想，嗯，也许我该学习一下如何保持注意力等）。我们会开始胡思乱想，也正是同样的原因导致我们在市场上总是判断错误。你的意识心灵就像谚语里说的"喝醉的猴子"一样，漫无目的地在枝头乱蹦乱跳。

我们的意识心灵充满各种想法，有些事关未来的规划，有些却在分析过去。每时每刻我们都在做出决定，每时每刻我们都在进行判断（现在你就正在对我的说法做判断——作者胡说八道，或者作者的说法使我产生了共鸣）。某些想法会伴随或影响我们一生。

6.6 留意我们的心灵

处理想法的最好办法，就是了解它、分析它并对它进行分类。一段时间以后，你就会注意到有一些相同或相似的想法总是在影响着你的交易。这里的重点是不要刻意观察每个想法的具体内容，而是关注想法出现和消逝的过程。一旦掌握观察想法（思维）的窍门之后，我们就知道如何处理心灵中浮现的每种想法。我们可以留意所想要留意的想法，并忽略想要忽略的想法。最后，我们可以控制自己的思维，不再被思维所控制。

请注意，如果我们允许，想法会控制我们。如同埃皮克提图（Epictetus）在2000多年前所说："已经发生的事情并不会使人忧虑，人们对这件事情的想法才是人们忧愁的源头。"没有人能够控制市场。我们只能接受（或顺应）市场走势，在我们了解思考程序之后，无论发生什么事情，你都可以静观世事起伏，笑看风起云涌。

当我们去电影院时，我们可以选择我们的观看方式。你可以把整个注意力集中在电影情节上，融入电影的故事之中。如果是这样，当你看到悲伤情节，就会潸然泪下；看到快乐情节，就会心情舒畅。只要导演足够优秀，他就可以轻易地操纵观众的感观和情感。

然而，我们也可以选择另一种方式，扩大我们意识（左脑）的注意范围，认识到我们只是坐在电影院里看电影。如此一来，我们不只会感受到屏幕上显示的情节，也会意识到这不是事实，仅仅是电影而已。除了看电影之外，我们也会从其他角度对"这部电影"进行思考。举例来说，观众多不多？其他观影者是觉得电影无聊还是在全神贯注地观看？正在播放的电影采用了哪种表现手法或有没有炫目的特效？电影角色与情节的安排是基于什么样的考虑？希望引起观众的什么反应？你喜不喜欢这种表现方式？导演有什么特别目的？电影结局将会如何？如果我们是导演，将会如何安排结局？我们在市场中运用我们的意识时也面临相同的选择。这里我们引用前文，万一市场一片混乱，或出现灾难性变故，我们总有三种选择：疯狂、崩溃或保持意识清醒，此三种选择的英文都是以 C 开头，很容易记忆。换言之，我们可以……

6.6.1　运用我们的心灵而不是想法

你要清楚地认识到一点，跟你一样，每个人的心灵都有狂野的一面，每个人心中都有一些复杂、疯狂、无法抑制的想法。不妨设想你是这个世界上唯一需要每天小便的人。你非常清楚地知道，你必须每天都做这种看似极端不自然的举动，可能你从来没见过其他人有相同的行为。爱因斯坦会小便吗？罗伯特·雷德福（Robert Redford）⊖呢？难以置信。

不知道其他人如同你一样，有着类似"喝醉的猴子"一样的心灵，这可能会让你感到痛苦。很少人愿意公开谈论他们的恐惧、恐慌、幻想。

6.6.2　专注现在

醉猴心态造成的最大问题之一，就是会让我们纠结于过去的错误或为未来担忧。我们几乎不可能把心思放在现在，因为过去或未来看起来比现在有着更多的问题。我们总是思考过去或未来，以致忘却了生活的真实层面——现在。

很多时候我们都无法专注地倾听，也无法立即反应。例如，在和朋友聊天时，朋友滔滔不绝地说着，我们却在思考接下来应该说些什么；市场出现了不利走势，我们却思考着还有多少工作没有做。同样，有时我们举起筷子考虑接下来想要夹什么菜，却忘了品尝口中的佳肴；享用着餐前开胃小菜时，我们想着餐后甜点。显然我们并没有专注于当下。同样的事情也会在交易中发生。

⊖　美国著名电影明星，以充满成熟男性魅力而著称。——译者注

大学时代，我在爵士乐团演奏乐曲。我们经常做一些即兴表演，演奏一些蓝调歌曲。我总是担心刚弹过的乐曲是否动听，或不断思考接下来应该如何演奏，以致在演奏时无法尽情发挥。经过辛苦练习之后，我才学会让自己忘掉演奏过的乐曲，也不过分关心接下来将如何演奏。如此一来，我的演奏技巧有了明显的进步。在我们进行交易时也是如此，我们通常过分关心下一笔交易或下一个机会，其结果是不能好好掌握目前的交易。

所以，超自然交易的第一步就是停顿下来，好好倾听心中的想法，但同时不要过分执着于之前的想法。请注意！左脑的意识心灵总觉得自己随时都要解决问题，否则就认定自己失去了存在的意义。

6.7 交易技巧

6.7.1 放松

放松对于身体就如同冥想对于心灵一样：让身体摆脱紧张状态，精神内聚。我们可以学习通过凝视的技巧，协助放松身体，如此可以帮助我们冥想，而冥想有助于交易。

随后，就如同人类学家研究外族文化一样，我们应学会研究我们本身的行为。在研究时我们应秉持正确的态度，不要带有任何排斥和否定的心理。放下这种"挑刺"的心理，更能使我们看清真实，虽然这些真实往往并不令人喜欢。我们很容易欣赏自己的优点，但自身那些并不令我们满意的地方——恐惧、贪婪、愚蠢，却是我们最需要面对的。

很多时候，交易给我们的第一感觉就是挫败，随后由于我们对市场走势缺乏掌控力，我们会感到恐惧和不安。几乎是同时，这种挫败感和恐惧感转化为愤怒，因为我们的大脑试图利用一些更激烈的情绪掩饰我们的不安和痛苦，所以我们可能会迁怒于自己、经纪商，甚至心爱的人，自己却不知道这是为什么。

6.7.2 "不知道"的重要性

大多数人不喜欢"万事通",但我们通常也不乐意承认自己不知道。左脑意识思维认为,如果我们不知道发生了什么,最好赶快找出答案。然而,我们可以用美妙的、有益的、宽容和满足心态去对待"不知道"的状况。"不知道"代表着有很大的广度,可以有各种的可能性。"不知道"是佛教禅宗的第一步,也是耆那教(Jain,印度宗教)的教义,同时还是基督教所谓的"像个孩子般纯洁"。

市场上发生的很多事都是我们不能预测和控制的。我们应该学习如何接受"不知道",学会接受这种不确定性,将有助于我们认识并接受这一痛苦的事实——我们不能控制生活上、自身或我们所爱的人身上所发生的一切。一旦接受了这一事实,我们就不会再自欺欺人。

我们一旦认识到不可能掌控市场,交易就变成一种内在的修炼。虽然你可以通过阅读学习到一些宝贵的知识,但交易最终还是取决于你、你对市场走势的认知,甚至是你跟经纪商通的那通电话。基本上金融交易是一种心智控制的艺术。交易没有什么神秘、深奥之处,也不会超出正常生活的范围之外。活着的每一分钟,你都在从事交易。你决定阅读本书而不是其他资料。你决定暂停工作而喝一杯咖啡。这一切都是取舍,都是交易。你意识到这一点了吗?如果你学会适当地处理交易,这也有助于提升你以后的生活质量。我们发现交易者对于金融市场的认知程度,和他们对于生活其他领域的掌控程度,两者之间存在显著的相关性。你会发现一个有趣的现象,先前的成功交易者,如今大部分已成为了心理分析师、工程师与医生。好的交易需要极高的专注力。这是一种你能够拥有的最有效工具、一种心灵聚光灯,足以为你所有行为与想法指明方向。

本章稍后还会进一步讨论"不知道"的态度。

6.7.3 如何处理疑惑、恐惧与受到阻碍的感觉

心灵就是心灵，有时你可能会怀疑是否值得花这么大工夫研究心灵。一旦你产生这方面的疑惑，请记住，这说明你并没有在观察心灵或市场。利用这个机会，将这些想法转换为专注于一项事实：这些都是你的想法，不是你。就如同那些难闻的排泄物也可以当作肥料一样，你也可以观察你自己的种种不良情绪，例如疑惑、恐惧或阻碍，并将它们视为锻炼你的洞察力的磨刀石。如果你能做到这一点，这些不良的情绪将帮助你成长，而不会使你继续痛苦。

不妨把市场当成一场舞蹈，而不是赛跑。赛跑的目标在于领先他人到达终点，或打破自己过去的纪录。至于舞蹈，其目标在于享受跳舞的过程。所以，不要太在意每次的得失，只要努力去做就可以了。即便是赛跑，如果你太在意自己的表现（多次回头观察自己是否领先对手），实际也只能拖累自己的发挥。

我们经常告诉交易者："你已经尝试了各种解决问题的方法，但结果都不尽如人意。你试试这个，试试那个，但最终都还是失败了。现在，你应该闭起双眼，尝试换一种想法，使用自己心灵的另一部分。这部分心灵让你保持平衡、让血液流经心脏，每天在你不知不觉中为你处理着方方面面的事物，当然也包括跳舞。意识心灵将决定你追求的目标，但如果没有非意识心灵的配合，你绝对无法达到你的目标。"

6.7.4 实际尝试这个例子

现在，请回想过去你在市场或生活中对自己感到失望的时刻，你对某件事感觉不妙的时刻。请注意，在这里我们先不考虑那些太过重要的事情，暂不考虑伤心旅馆、印第安纳·琼斯⊖、事业上重大失败等重大事件，而是回想一些让

⊖《伤心旅馆》（*Heartbreak Hotel*）是猫王的一首著名的情歌；印第安纳·琼斯是《夺宝奇兵》系列电影的主角。——译者注

你感到不悦的小事，回想过去某一天的不愉快时刻。当你回想这些事件时，请留意你想到的各种影像或声音。想办法让这些事件重演。多花点时间，重点是要回忆起当时的细节。当时发生了什么？何时发生？后来又怎么样？依此类推。为了协助你重塑当时的情景，请仔细回答下列这些问题。

发生了什么事？

_____

何时发生？

_____

当时的感受如何？

_____

后来又发生什么事？

_____

当你从头到尾重温这些事件之后，不妨休息几分钟。然后，再从头来过，但这次要仔细观察与思考，同时听一些"有趣"的音乐，如摇滚、流行歌曲、蓝调，都可以，音乐声放大一点，伴随你的情景重塑。

接下来，把音乐关掉，然后再重新回想这段经历。请注意这次的反应。是否发生什么变化？对于某些人来说，他们可能觉得整个事件变得很荒谬或可笑。对于绝大部分人来说，那些原本让人不悦的经历，现在已经变得越来越不重要，甚至有些人会认为没有意义。

这是怎么回事？你的心灵对于相关经验的解释已经大不相同了。我们知道，任何不愉快的经验，都会随着时间流逝而改变或被淡忘。可是为什么要等呢？我们有高科技可以立即改变。

现在扩大这个实验，回忆另一个令你失望的事件。如果先前的实验效果并不好，那不妨继续采用刚才回想到的事件。回忆整个事件的发展，挑选一个最具代表性的画面。你是否处在这个画面内,这像看一张你照的快照。如果你没有在画面内,请把画面拉远,如此可以看见越来越多的画面,直到你可以看到自己参与其中的画面为止,并以一个观察者的角度去看这些画面。接下来,考虑这张快照适合采用哪种相框——现代不锈钢材质的相框,或古典的镶金相框?你选出相框后,增添一束博物馆式的灯光。你可能希望照片展现出像雷诺瓦、高史或其他一些著名摄影师的风格。花点时间让自己的心灵平静下来,做几次深呼吸。

现在,再回想一下那个令你失望的时刻。没错!你的感觉已经出现变化,而且这种变化后的感觉将一直持续下去,因为你的心灵密码已经发生改变。你可以重新试一次。一个小时之后再进行一次同样的训练。在记事簿上注明,下星期再进行一次同样的训练。你会发现你的感觉仍然是变化后的感觉。请注意,你没有强迫自己进行改变,这一切都是自然发生的。这就如同照镜子,发现脸上出现皱纹。这种事实不会改变,你也没有刻意去"创造"这些皱纹,当这种情况出现时,你应该选择接受。请注意,"努力尝试"属于左脑的意识功能。你没有必要经过几星期的无谓尝试。你已经慢慢了解心灵的密码。你所做的已经改变了你大脑思维的密码或方式。当然,这只是一个渺小的、不起眼的改变,但重要的是,你的确改变了你的思维。你现在学会了如何快速消除负面记忆的影响,让这些记忆不再对你造成困扰(如果想进一步了解相关方法,或想知道这方面最新、最有效的心理技巧,请访问我们的网站 www.profitunity.com,或跟我们的办公室联络)。

想一想这种思维转变会为你带来怎样的结果,尤其是当交易过程出现不利状况时。你可以立即把挫折–愤怒并发症转化为某种制胜的信念。欢迎各位来到超自然交易世界。

让我们继续下一个训练,我们今天就可以开始这个训练,这个训练就是清理杂念（静心）。望着天空的云朵、蜡烛的火焰或海边的波浪。不要试图去想你所看到的东西。不要试图寻找形态。不要对你所看到的东西进行判断。总之，什么都不做，就是看着。每当你发现心中出现杂念，就回归只是看着（似看非看）的状态。

对着一份价格走势图做同样的练习，只是看着走势图而不要做任何判断。

你也可以把看转换为听。换言之，只是倾听而不进行任何思考，不做任何判断，不去试图解释。只是倾听。如果心中出现杂念，这代表你产生思绪（想法、念头），立即让自己回归倾听的状态。演奏音乐是最好的练习对象，音乐最好没有歌词，否则很容易勾起想法或念头。掌握这方面的初步技巧之后，你不论到哪里或做什么，都可以做同样的冥想来清除杂念。冥想会让你更加专注于现在，这种状态当然也是从事交易的最佳状态。

6.8 专注于思考

6.8.1 数念入定冥想

这个练习可以让你把注意力由想法的内容转移到思考的程序上。首先，把定时器设定为 1 分钟。闭起双眼，开始记录你脑海中出现的想法的数量。每当心中想到某种念头，就记下来，请注意，只要计数就好了，不要理会想法（想法）内容。如果你记录想法的内容，很可能整个 1 分钟，你可能只产生和记录了一个想法。

这种练习有些类似于观察鸟类竞赛。这类竞赛中，每个人带着望远镜外出观察野鸟，然后记录一天内所看到的不同品种数量。参与比赛的人，不会对特定鸟类进行详细研究。只要看到新品种，就记下来，接着寻找下一个品种。在随后 60 秒内，你就如同参加观察鸟类竞赛的人一样，成为想法的计数者。如果你的心中完全没有产生任何念头，那就告诉自己没有想法，但这也是可以纳入计数的想法，否则就放轻松享受这种心灵完全清澈的时刻。

继续计数，这些想法，如"快，我现在还没有任何想法"或者是"啊，刚才那个想法是第 7 个还是第 8 个"，本身也应该被纳入计数范围之内。如果碰到一个让你不能摆脱的念头，尝试记住这个想法是什么。这方面的资料随后会很有用。对于大多数人来说，恐惧与欲望是最难摆脱的想法。可是请特别留意这点，恐惧或欲望本身不是真正的问题，你无法控制你对于这些想法的反应，这才会在交易中给你带来问题。

这个练习不能算简单，当然也不能说很难，通过这个练习，你应该学会将你的想法也视为一种物体（至少暂时视为物体），就如同小鸟、岩石或其他人一样。不要考虑这些想法的内容，只是将其看作一个想法。

下次当你做这方面的练习时，不妨用大脑或者是笔记下一些想法的类型或种类，记下那些经常在脑海中出现的想法。就我个人来说，某些想法往往和我的计划相关，通常是一些我想要做的事。有关欲望的想法涵盖很广，包括：性、交易获利，乃至世界和平。恐惧想法则包括各方面的忧虑：工作、金钱、退休生活等。快乐、感谢、感恩的想法，像照在脸上的阳光、烤马铃薯的味道。判断想法包括我认同或反对的看法。正义的想法包括我是正确的、别人是错误的。愤怒想法通常是针对我自己，也就是我认为的属于自我讨厌或讨厌别人的范畴。

现在，找个舒适的姿势坐着，观察所浮现的每个想法，仔细观察并做适当的归类，接着去观察下一个。如果脑海里完全没有任何念头，就尽量享受难得的空灵状态。如果任何想法不能归入既有的分类，就增添新的类别。经过一番实验之后，试着判断哪类型的想法最经常出现？哪些想法最容易放下？哪些想法最不容易摆脱？

6.8.2　感受自己的想法

就如同冥想坐着或走路的感觉一样，我们也可以冥想心灵感受。由你最喜爱的冥想开始，放轻松，让脑海处于平静状态。然后设定一个你"梦寐以求"的想法，这个想法可以是恐惧、欲望或愤怒或任一种想法。观察这个想法，然后扪心自问：生气（或者是别的）是什么感觉？这个想法让你觉得燥热或冷酷呢？身体觉得紧绷或放松？相关感觉是否蕴涵着某种值得快乐的部分？或只会带来痛苦？

仅仅观察这个想法——退后一步或者是转换一个角度，像对待一个你所观察的物体一样。以这种方法观察之后，你对于该想法的反应是否发生了变化？如果有，在哪方面发生了改变？如果你发现自己陷入某种想法中，请留意这个想法是怎么"抓住"你的？陷入这种想法的感觉如何？

6.8.3　活在当下

我们交易者（其他人也是如此）大多活在过去或未来。只有在很少情况下，我们才会留意正在发生的事情。你是否活在当下？真是如此吗？若是如此，请毫不犹豫地立即告诉我：你现在是呼气还是吸气？你可能要稍微调整注意力到呼吸上，才能回答这个问题。那么你的注意力刚才放在哪里了呢？

你是否经常沉迷于过去所做或没有做（所应该做或不该做）的事？过去的想法是否经常以自责的形式盘旋在脑海中？"我当时不该那么做。""我当时应该把握住那个进场机会。""显然我搞砸了！"我们也经常拿着关于未来的想法找自己麻烦，例如："如果到时候如此……那怎么办"或者是"这可能不会盈利"。

我们的想法几乎都完全关系着过去或未来，所有的恐惧与欲望，完全建立在过去的经验或对未来的预期上。通常欲望之所以产生是因为过去发生的事给你带来了乐趣，因此期待未来能够重演。恐惧则关系着过去的痛苦记忆，因而期待未来能够避免再次发生。

想法计数（数念）或慢慢地散步，就是活在当下的练习，让我们没有时间可以考虑过去或未来。

6.8.4 "不知道"禅

空是禅的真义，一个没有合理答案的问题，例如：冰淇淋为什么没有骨头？考虑这类问题时，专注观察自己的心灵。你的心灵是否想要勉强找到答案，或认定这类问题是荒谬可笑的而拒绝作答？对于西方人来说，"不知道"通常会让人觉得不舒服。可是你可以学着接受"不知道"的状况，慢慢体会"不知道"所提供的无限可能性。心灵的"不知道（空）"状态可以接受任何东西与所有东西。

挑选一个你无法预期结果的交易状况。专注于相关问题，但试着维持"不知道"的状态。请注意，你可能会尝试做合理的预测。这是不是第5浪？这是否和木星与火星之间的位置有关？留意心灵在追寻答案与"不知道"之间的摆荡。试着在日常生活中纳入更多成分的"不知道"。我是否能够赶上飞机？不知道。公交是否会准时到站？不知道。明天的债券市场是否会上涨？不知道。

最后一个问题：你是否能将这些技巧运用在交易上？不知道？这也是可以接受的答案。

请注意，就长期而论，与事件本身相比我们对于所发生事件的反应往往更为重要。根据这个逻辑，我们对于想法的反应要比想法本身更为重要。我们所学习的是如何观察心灵的思考程序，而不是观察浮现在脑海的每个想法的内容。另外，我们知道学习如何妥善地处理所发生的事情，其重要性远超过控制特定事件发生的内容或结果。

只要学会专注于当下，学会面对日常生活中出现的恐惧或欲望，我们就能够有效处理生活中发生的任何事情。痛苦的想法或者是不愉快的事件，例如斗殴会促使我们记起我们应该去从事一项最重要、最真实的工作——冥想。通过这种方式，我们可以把所发生的事件（无论它令我们觉得痛苦或是愉悦）通过冥想的方式对其进行加工。换言之，那些看似阻碍通路的大岩石，也会变成我们架设桥梁跨越障碍的材料。

这些说明与练习，看起来似乎与"这周如何在市场盈利"没有什么直接关联，但如果我（作者本人）过去半世纪左右的成功的交易生涯带给我任何启示的话，那就是：生活是由想法主导的。换言之，你的想法将决定你的生活。

6.9 请停下吧

停下是一种最刺激的活动。在路途上的某个地方，你必须停止下来。某人曾经说过，死亡是老天爷要我们"停顿"下来的方式。北美苏族印第安人有句谚语："人类是唯一能够思考自己思想的动物。"你怎样看待思考呢？思考是一种脑部（人体器官）程序，就如同消化是人体消化器官的程序一样。脑部是人体器官。我们"观察"脑部的运作，倾听脑部的思想。我们并不是身体、脑部或思想。

在学习交易的过程中，我们总是想要学习一些没用的东西，而这种思想妨碍了我们看清到底发生了什么。大部分交易训练课程，反而剥夺我们了解市场的天赋。

"你"可以不思考。你了解自己不是在思考，而是在观察思考的过程。只要小心观察，就能让真正自我与思考分离。你能控制脑部的运作，这是精神食粮的消化器官。为了体验真正的你，不必要进行任何思考。真正的自我不思考，它就是知道。

> 佛与非佛之间的唯一差异在于非佛不知道自己是佛。
>
> ——佛祖释迦牟尼，公元前 600 年

在一次在芝加哥举办的讲习会中，我面对数百位交易者发表演讲，结束时有人问我："如果要你用一句话总结这几十年来的交易经验，请问是什么？"当时我不晓得如何回答这个问题，但经过这几年来的不断思考，我想已经找到适当答案了。这是我能够与各位分享的珍贵心得：

> 我们可以利用科学，
> 对事物进行解析、判断和研讨。
> 但唯有在沉默之中，
> 我们才能听到市场的声音。

在冥想过程中，左脑意识心灵的暂停是为了右脑超意识心灵的细腻感知变得相对明显。某种意义上，我们只有一种感觉，就是触觉。声波触及耳膜、香味分子触及嗅觉的感应器官、光线触及眼睛及其他等。通过这些感觉接收器，我们的注意力被集中在这些器官之上。我们注意到的不是器官本身，而是被激起的感觉。

处在平静状态，我们可以变得纯粹。古代人接受的资讯比较少，需要思考的也较少——能够干扰心灵平静的念头比较少。反之，"精明"交易者大脑里充满各种奇怪的想法，很难保持心灵平静。

6.10 心灵错误

我们的身体内没有所谓的心灵。你无法指出心灵在哪里。你所没有的东西，也无法给别人。我们的头盖骨里面，只不过是一种器官——大脑而已。如同稍早提过的，脑部器官分为三大部分：左半脑、右半脑与中间的大脑。交易者想在市场上有效地交易，就必须要学会正确地使用自己的大脑。

对于大部分人来说，交易就如同手上拿着美国高速公路图，准备根据道路图找出开车由佛罗里达前往加利福尼亚的正确道路。平静与停下思考，是比较直接的途径。你也只需要停下思考。如果你不断思考，就不可能体验真实的一面。心灵平静是你能够达到的最高境界：保持心灵平静。如果你对自己的心灵有着了解，就比较容易做到心灵平静。

透过冥想而保持平静，阻断各种杂念，我们就能接触自己的真实面，也就是所谓的"生命精神面"。经常回归内在的自我，就能让原本存在的精华散布、弥漫到生命之中。如此一来，我们可以成为更好的自我。

生命中的所有经验，不论表面上看起来多么奇异或纷杂，都会带领你进入平静。在某些情况下，任何外在的东西都不能帮助你。唯有当你感受这种内在自我后，你的交易才可能真正进步。感知内在自我的重要性超越一切。

事实上，的确有另一个世界与我们交错。这是一种层次更高的现象世界。我们都处在其中，最高层次的意识无时不在、无所不在。唯有停下思想，才可能踏入这种境界，而且可以立即踏入。

想方设法往往不能达到不思考所能达成的。认真做往往不能达到不作为的成效。这属于颠倒真理；做得越少，得到得越多。

6.11 共振

把两把吉他放在房间的两端，拨动其中一把吉他的琴弦，如果另一把吉他此前处于"静止状态"（此前琴弦没有被拨动），其琴弦也会开始振动。金融市场的情况也是如此。如果心态保持平静，自然能够接纳万物（此两者是并存的），你就能感受市场的振动，与市场产生共鸣。可是只要开始思考或评估（这是左脑的功能），你与市场之间的频率就会失调，彼此演奏不同曲调的乐曲。这也是大多数人认为市场难以了解的原因。诀窍是保持平静，不要试图判断或解释，心灵自然可以接受万物。

通常交易者从一早上踏进市场，就开始绞尽脑汁，等到晚上休息时，已经觉得筋疲力尽。这就像一辆永远不熄火的赛车一样，虽然只是偶尔参与比赛，但引擎始终没有熄火。绝大部分想法对于生活平静或交易获利都只有害处。思考过去，根本毫无意义；思考未来，通常也不会带来任何好处。很多交易者不断被过去的记忆纠缠，以致影响到当下的想法，如此只会造成负面效应。另一些交易者，始终盘算着未来，幻想着"我们会交易得很顺利"，以致不能看到眼前发生的事件。

如果你内心经常不能协调，总是与市场发生冲突，就应该想办法回归自己的本来状态。如此可以让脑部与市场之间产生共鸣。养成这种习惯，你的交易绩效自然会改善。试想自己处于一个大型表演场，而整个表演场的核心点，就在你内心。市场就是你。顺其自然，保持心灵平静，你就自然能做到。

我们上面讲到的这些内容，已经属于更高的层次，很难用语言对其进行精确的描述。这就是我们所说的"道不可言也，强为之言而益晦"。

我们需要的，不是更多的交易经验，而是忘掉经验。

只要回归本来自我，就可以听到市场的脉动。

·结 语·

本章介绍心灵各种部分的功能，说明其中的某些部分更适合运用于交易。

本章的篇幅很长，主要是因为其内容非常重要。在智力与直觉之间产生共鸣，这是持续获利的关键所在。这种脑部不同区间的沟通与共鸣，往往很困难，因为我们缺乏这方面的训练。通过本章所举林间漫步的例子，我们发现了看似随意的行为事实上都是有深层次的原因。虽然本章没有深入探讨心理治疗的话题，但我们进一步探讨了人脑各部分功能，以及其与身体各部分相互关联，这种认知绝对有助于提升你的交易水平。很少交易书籍会像本章一样对交易的精神层面进行探讨。同时本章中的探讨并没有直接涉及精神层面与宗教之间的联系。

如果你们已经理解本书截至目前所谈论的内容，那么你就具备了充分的知识，可以开始学习我们在各个市场所运用的交易方式。本书第 7 章准备谈论由初学者到专家之间的五种不同交易阶段。在理解了这方面的资料之后，读者可以自行评估自己当前在交易 / 投资领域内处在哪个层次。第 8 ～ 11 章，我们重点探讨市场实际发生的一切，教导各位交易者如何进行持续稳定获利的交易。我们希望各位认同本书的观点：交易获利的关键在于你如何看待市场，以及如何运用各种不同的思维。

在市场中航行

正确地图的重要性

你所承担的最大风险，就是没有对自己下注。

目　标

**学习从初学者逐渐到专家的五个通用步骤，
并成功地将它们运用于交易。**

* * *

截至目前，我们已经讨论了大多数交易者当前所处的情况，了解到金融交易实际上非常简单，阐述了混沌是一种非常有效的交易范式，并深入探讨了两种不同的结构。本章将绘制一份互动的地图，这也是本书其余部分的指南。我们需要向前展望明确的方向，也需要回顾，以告诉我们曾经在哪里，目前在哪里，以及如何提升交易能力。

7.1　通往获利的阶梯

学习交易的最大难点之一，在于没有一种循序渐进的方法，初学者很难由无知阶段逐步提升为交易专家，或由输家演变成为稳定赢家。目前存在的种种办法，或是对交易相关的各种名词进行解释，或是罗列一系列作者偏爱的指标。显然这两种方法都不能训练出业绩稳定的交易者。

然而，实际上存在着一种普遍适用的五步骤渐进方法，能够让刚开始产生兴趣的人或初学者成为任何领域内的专家。曾有多个学者提出这种循序渐进的方法，包括：休伯特 L. 德赖弗斯（Hubert L. Dreyfuss）与斯图亚特 E. 德赖弗斯（Stuart E. Dreyfuss）两兄弟曾在一本计算机方面的著作（1986 年）中提到过这一点，詹姆斯·道尔顿（James F. Dalton）、埃里克·琼斯（Eric T. Jones）与罗伯特·道尔顿（Robert B. Dalton）等人在一本金融交易方面的著作（1990 年）中阐述过这种方法。这种渐进方法为我们创建了蓝图，提供了一种架构，使我们可以循序地由某一阶段提升到另一阶段，并判断或研究每一阶段在历史上与科学上的差异。

假定你最近欣赏了一场莫扎特钢琴演奏曲的音乐会。在演奏会期间和演奏会结束之后，你深深地被这场美妙的音乐会感动，因此你决定"不论付出多少代价，我都要学习演奏钢琴。无论我的背景、音乐才华、年龄或其他任何条件如何——我都要学习演奏钢琴！"让我们把这段场景延伸到金融交易，假定你基于某种理由（潜在获利、能力挑战、乐趣、生活状态或其他原因）决定学习期货和股票交易中的"一致性获利法"。

如果想实现音乐梦想，你很可能会买或租用一架钢琴，买一本钢琴指导书籍，聘请一位钢琴老师。对于交易目标而言，你很可能会购买或租用一些报价设备，把电视频道调到投资交易节目或其他一些报道市场动向的节目，订阅交易分析快讯，参加讲习会，阅读书籍和专题报告等。这些情况说明你处在初学者阶段。

你所面对的各种信息来源将使你产生好（有效）或不好（失败）的习惯或观念。你觉得非常兴奋，处在一种心理学家所谓的"萌芽阶段"。你觉得好像开始了一段新的恋情，全身充满精力，每当有任何想法，便都想"让我来试试看"。

在音乐方面，你将学习最基本的内容：全音符、半音符、休止符……你必须熟悉琴键的位置，调整手指的姿势。当前你首先要处理的是个别音符与八度音阶，而不是音调与作曲。在"一致性获利法"内，你在不发生亏损的前提下累积市场经验，学习如何进行交易。接下来，让我们介绍第一阶段：初学者。

7.2 第一阶段：初学者

音乐方面的初学者需要学会音乐符号等基本知识，了解乐谱上的术语和缩写。这一阶段在科学里相当于数字；在音乐方面，相当于手记；在电脑方面，则相当于二进制运算；在心理学方面，相当于人类的左脑；在历史方面，相当于中世纪；在数学方面，这个阶段相当于基本算术。这个阶段所采用的假设具有亚里士多德学派的性质：每个事物都是分离而可数或可分类的。

交易的情况也是如此。在交易第一阶段，初学者要学习市场基本知识：术语、如何进行一笔交易、保证金相关规定等。我们将探讨此阶段使用的各种工具中的基本信息。这些工具包括：价格柱（PriceBar，即 OHLC，O 代表开盘价，H 代表最高价，L 代表最低价，C 代表收盘价）与成交量。我们通过价格柱组成的走势图观察市场。这个阶段我们暂时只专注于两根价格柱，包括当前价格柱与前一根价格柱。这时我们的主要目标是了解市场的演变行为，而不是试图用过去的一些形态或者模板来解释目前的市场行为。

这种思想是迈向交易专家的第一步。身为初学者，你必须学会判断出谁在主导市场，目前进展如何。你将开始学习各种时间周期的趋势。多数初学者试图寻找一套机械性交易系统，这样一来只要把市场拼图凑齐，那么他就会获利和成功。算了吧！这是不可能实现的美梦。如果你抱着这种观点进行交易，一旦幸运之神不再眷顾你，你就会立刻失败。在这个阶段，绝对没有任何可供遵

循的"有效的机械性地图"。根据我们的看法，这个世界上从来没有出现一套
成功而绩效稳定的"机械性系统"。目前没有，未来也绝不可能出现。虽然相
关领域内的科技在不断地发展，例如：人工智能、模拟处理器、基因演算法、
正交回归以及类神经网络，但如果你了解金融市场的真正运作方式（请回想
《摩登原始人》的例子），就应该知道市场在本质上会摧毁任何成功的机械性交
易系统。**任何机械性交易系统都逃不过失败的命运！** 这些都是线性工具，因此
它们不能精确或充分地描述非线性市场。如果真的存在一套有效而稳定的机械
性系统，其价格将不是 3000 美元，而应该是 3000 万美元 / 小时。请注意，此
处谈论的是一套可以长期稳定获利的机械性交易系统。

初学的交易者在选择地图时常常只考虑价格，但这样是不正确的，因为价
格是结果，而不是原因。新手使用的地图是为了对结果进行比较。通常这种技
巧不能获利。虽然偶尔也会出现好的信号，但使用这些工具无法为我们带来稳
定的利润。我已经向全世界发出下面的挑战：对于任何交易指标提供的有获利
可能的任何交易信号（背离、反转等），我们都可以就同一指标提出另外五个失
败信号的例子。我所谓的指标包括：相对强弱指数（RSI）、动能指标、通道等。

初学阶段是以不发生亏损为前提，在市场上交易并且在市场上累积经验
的过程。一个典型的情况就是：大多数初学者不论是在音乐、恋爱或金融交易
领域内——通常都会在萌芽阶段呈现极大的热情。然而，兴奋过后，通常都是
失望。

"我不知道要练得一手好琴技，竟然必须经年累月地每天苦练四
小时。"

"进一步了解其个性之后，这个女孩（男孩）似乎徒有其表。"

"金融交易比我想象的要困难多了，每前进一步，接下来总是要
再退两步。"

多数初学者都在这时候放弃了。统计数据显示，大部分初学者只可以在市场中坚持三个月。只有那些禁得起最初磨炼、继续练习音乐或学习交易的人，他们才有可能获得市场的回报。

当你对市场行为做细致研究时（此时只研究两根连续价格柱），你开始领悟市场的真正运作方式。你开始了解到市场是自然界的产物，无关乎经济分析、基本分析或技术分析。犹如孩童时期学习骑脚踏车一样，唯有不断摔打，才能领悟控制身体平衡的技巧，所以初学者也必须亲身体会市场的均衡力量，只有这样初学者才能踏进第二阶段门槛，体会深一层的了解、感觉与业绩。

7.3 第二阶段：进阶者

对于这个阶段，我们将拓宽时间视野，看一看更长时间周期的走势图，即观察比第一阶段更多的价格柱。我们已经由初学者提升为进阶者。在音乐方面，学习基本的符号与合音之后，进阶者将开始弹奏整段乐曲，这让演奏者与听众都觉得舒服多了。现在，让我们比较第一阶段与第二阶段之间的差异。

第一阶段的数学属于四则运算和数字，第二阶段考虑的是空间（几何学）。在音乐方面，第一阶段注重的是音色，第二阶段则考虑音调。在电脑方面，第二阶段是模拟电脑。在历史方面，第二阶段是文艺复兴。我们将同时观察树叶与其阴影。从单一的维度到更高的维度。一些在第一阶段并不明显的信息在第二阶段可以被我们有效利用。在金融市场里，第二阶段使用的地图的例子主要是艾略特波浪与分形。时间周期也由两根价格柱增加到140根或更多的价格柱。

这时交易者会面临一个重要关卡。交易动机是否足够强烈到克服市场经验带来的挫折感？犹如学骑脚踏车一样，地心引力让你不断摔倒受挫来教导你如何掌握平衡感；同理，交易亏损也会教导你更好地了解自己与市场之间的平衡点。

处在这个阶段，艾略特波浪与分形是显示市场根本结构的工具。艾略特波浪理论将指引市场起伏波动的走势。透过"一致性获利法"分析艾略特波浪，可以摒除 90% 以上模棱两可的走势，并为剩余的 10% 的走势提供恰当的处理策略。

我将金融交易视同开发新产品。重中之重是产品的质量。质量尚不稳定之前，如果莽撞增加产量，势必面临客户抱怨与退货。唯有保证质量之后，才可以进行大量生产。对于金融交易，稳定的质量是指在 1 手合约或单笔（100 股）股票的基础上稳定获利。若非如此，你就还不能保证你的交易质量，也就是说你还没有取得适当的技巧。

进阶交易者已经可以在市场上获得一定的利润。接下来，是迈向胜任者阶段，在多手合约或多只股票的基础上进行交易，灵活运用第一阶段与第二阶段的相关技巧。处在第三阶段内，一个交易者所关心的不再是单手合约或单笔股票的获利，而是如何获取最大的投资回报。就金融交易这个行业来说，第三阶段交易者已经处于顶尖的 3% 以内，此时处理的都是大资金。

7.4 第三阶段：胜任交易者

处在这个阶段，钢琴演奏者必须完全按照乐谱弹奏。乐谱上标示音调加强，就应该大声演奏；乐谱上标示加快，就应该加快速度。在音乐上，所谓"胜任"，是指完全按照乐谱的指示弹奏。在交易中，所谓"胜任"，是指获得尽可能高的总投资回报，你必须精确判断市场行情。市场告诉你买进，你就买进；市场告诉你卖出，你就卖出；市场告诉你出场，你就出场。总之，你将"胜任"而稳定地在市场中盈利。你绝不会进行一些违背你的交易原则的交易。

第三阶段开启了另一个崭新领域。从历史方面来说，此时具有工业革命特质，当时由于对生产方法与经济运作有了全新的不同的了解而出现了新的获利机会和获利空间。在数学领域里，这个阶段可以形容为代数，让我们可以处理方程式，寻求未知数 x。这是了解混沌现象的初级阶段。第三阶段将开始探讨人们所说的"原因"而不是"结果"。

这个阶段使用的市场工具包括"一致性获利法"。这些方法要求我们通过监测潜在的看不见的市场结构来最大化我们的潜在利润。这套方法让你可以根据市场目前的韵律起舞，也可以让你知道某项分析是否错误或与市场实际走势不相符。如果分析错误，最好的应对策略是止损或反手。如果市场走势与我们的分析不一致，这时最佳的策略就是立刻出场。

一致性获利法是由市场（而不是借由某种武断的交易系统）决定最恰当的策略，并因此就某特定走势获取最大利润。一致性获利法能够按照最大获利 / 最小风险公式进行资金管理。

踏入第三层门槛之后，交易者每天无须再花费几个小时的时间分析行情。多数交易者在分析方面花费太多时间，以致每天错失市场提供的诸多机会。

一旦你到达第三阶段，你就是一位自给自足的专业玩家。你已经熟悉那些始终存在而通常不可见的根本结构。你已经不需要，也不希望任何外来意见。你也不需要订阅《华尔街日报》，收看电视财经频道，订阅分析快讯，或在财经热线电话上花冤枉钱。可是这只是等式的一半，等式的另一半则是人。

就演唱技巧而言，我想也许有成千上万的歌手可以和弗兰克·西纳特拉（Frank Sinatra）相提并论。在现场演唱会中，他的声音听起来中规中矩，并没有特别出彩的地方。有时他还会随意更改歌曲的节奏。可是他的唱片之所以畅销，之所以他能靠着演唱致富，就在于他并不完全按照乐谱演唱。他可以生动地表达、传达他对歌曲的感受。在这个从初学者到专家的五步骤渐进程序中，最大的跳跃就是在第三阶段到第四阶段之间。在第四阶段内，你将对市场行情产生一种非常精确的"莫名感觉"或"经过培养的直觉"（所谓的盘感）。你会调整你自己的结构来符合市场的结构，在第四阶段，获胜成为阻力最小的途径。

7.5 第四阶段：精炼交易者

处在这个阶段，音乐家的主要目标，是通过音乐这种语言来传达感情。通过演奏者灵活的手指、琴键，将感情转化为音符，敲打着我们心灵。在金融市场里，你是以自身信念系统（将自身根本结构与市场根本结构相互融合）进行交易。你的乐趣不仅仅来自于获取利润，还有你的交易与市场同步时的满足感。

前三个阶段之间的演变，代表的是量变；第三阶段与第四阶段之间的提升，则代表质变。在历史演化过程中，这是电子革命时代，当今人类处理数据的能力是人类过去无法想象的。我们依赖的稳定的科技以不断增长的速度变化着。我撰写本书使用的电脑，其处理资料的能力，远超过一个世纪前全世界的所有资料处理设备的处理能力的总和。换言之，通过手边的键盘，我的计算能力绝非 100 年前全世界所有设备所能比拟。为了进一步说明电子科技发展的速度，让我们回到 1975 年，当时某款劳斯莱斯轿车的价格为 65 000 美元。而当时电脑的价格比这还要贵得多。如果劳斯莱斯轿车价格的下降速度和计算机价格的下降速度相同，那目前同一款车的价格应该是 30 美分。现在，电脑的价格并不高，每位交易者都有电脑，而我们购买的电脑足以处理各种庞大的数据，或者进行各种繁杂的演算。在原先的数据处理能力下，混沌理论根本就不可能出现，因为我们根本无法处理有着这种复杂度的数据，而现今混沌理论在每个领域都被广泛运用。在数学领域，这个阶段相当于微积分，一方面可以微分至无限小，另一方面又可以积分到无限大。

经历这个阶段后，交易者也会历经质变。他们开始明白他们本身也是整体程序不可或缺的重要的一部分，交易者把各自的背景、哲学与信念系统整合为一体。在这一阶段，交易者将逐渐体会到一项事实：没有任何人是根据市场进行交易的，每个人都是根据自身的信念系统进行交易。犹如计算机革命一样，这使我们可以明白其中的大量数据并进一步去探索其意义；同理，全新的混沌理论使我们得以通过崭新的视角观察自己的行为，而这是亚里士多德、欧几里得、牛顿等人以及传统物理学／心理学等方法所无法做到的。

在这个阶段里，我们开始了解、处理自己的个性与脑部结构。一致性获利小组已经把这种了解提升到前所未有的层次。我们的目标是调整个人根本结构，使其与市场的根本结构融合为一体。我再次强调一下，当我们做到这一点时，在市场中获利将是阻力最小的途径。

7.6 第五阶段：专家交易者

第五阶段是最令人心驰神往的阶段，它会让我们进入到我们直到现在也只能梦想的思想领域。在第五阶段里，我们发现任何事物都是一种资讯，而我们处理资讯的目的是"了解自己是谁"。处在此阶段里，交易将变为一种享受，每个事物都很重要，都是我们的导师。我们将了解自己与市场，而这项了解又将助我们掌控自己和市场。

在第五阶段里，我们将深入混沌领域。对于运动来说，这个领域有时又称为"空区"，混沌并不意味着无序。当然，它是更高形式的、具有包罗万象特质的秩序，并不是随机，在第一阶段到第三阶段中，我们将某种现象称为随机，实际上只说明了我们缺乏洞察力和理解力而已。

在第五阶段里，金融交易不会给你的生活带来压力。你只需要顺势而为，顺着水流前行，就可以轻易到达任何目的地。遵循一致性获利法，你的美梦终将实现。

· 结　语 ·

本章提出一种包含五个步骤的方法，使交易者从初学者循序渐进成长为交易专家，其中的阶段数目代表你当时的交易层次。另外，我们也说明了每个阶段的交易目标与运用工具。为了方便查询，将相关重点列示如下：

阶段目标

1. 初学者在不发生亏损的前提下，累积市场经验。

2. 进阶者在交易单笔股票的基础上，稳定获利。

3. 胜任者获取最大的总投资回报。

4. 精炼者按照个人的信念系统从事交易。

5. 专家按照自己的心灵从事交易。

恭喜各位能够坚持到现在。前文概略讨论了一些非常有趣，但又至关重要的心理学理论，这些理论绝对有助于交易与投资。现在各位已经准备妥当，可以把这些哲理运用到真实的市场中。问题是我们如何把这些知识，灵活运用到代表市场本身的走势图上。现在，真正有趣的事情开始了，我将带领各位观察我们自己的交易账户创造的利润。请注意，市场绝对会提供机会，我们所要做的就是如何掌握这些机会，把盈利带回家。欢迎踏上收获最丰富的交易旅程。

第 8 章

万能的鳄鱼

市场指南

人类已经步入 21 世纪，
我们可以固守 20 世纪的传统，
使用无效的线性市场分析技术；
也可以锐意创新，
学习使用非线性的混沌分析技术。

目 标

学习如何构建市场指南，指引自己纵横市场，实现财务自由的目标。

* * *

8.1 理解新传入的信息（混沌）

交易获利的关键之一就是理解新传入的信息如何推动市场运行。如果没有新传入的信息（也就是混沌），市场将如同一潭死水，价格不会显著地波动，价格走势就如同一条水平直线。问题在于，没有任何人能够检视所有新传入的信息并评估每个信息对价格走势的影响。我们的交易小组近 20 年来一直致力于使用各种最新的科学理论对股票和期货市场进行深入的研究，这些理论包括：混沌理论、量子物理学、全息测量、控制理论、非线性动力学、信息理论和分形几何学。

利用迭代法对这些理论进行了数百万次演算和分析之后，我们最终找到了一种简单的图形化分析方法，我们称其为"鳄鱼"（the alligator）。鳄鱼为我们的交易提供了指南，使我们无论在任何市场情况下都能掌握正确的方向。

　　鳄鱼是一种拟人化名称，它影响着我们交易的方方面面。本书是第三本介绍这方面内容的书籍，着重介绍了最新也更具盈利潜力的交易方法。我们的第一本书是 1995 年出版的《证券混沌操作法》(第 1 版)，其中讲解的分析方法至今仍然适用。第二本书《证券交易新空间》出版于 1998 年，进一步延伸了第一本书的内容，同时加入了一些最新的发现，为交易者介绍了一些更具有获利潜力的方法。现在，我们邀请各位见证我们最新、最有效也最有盈利保障的交易策略。此前两本书中的内容至今仍然有效，本书集前两本书之大成，对内容进行了进一步的提炼，帮助交易者成为在不同的市场中持续稳定盈利的市场赢家。

　　也许读者会心有疑惑，谁又能保障我们的交易方法或交易技巧在任何市场和任何时间周期上都适用呢？答案很简单，我们的交易或投资方法建立在人性而不是经济资料的基础上。相对于第一本书、第二本书出版时，当今市场的结构已经发生了显著的变化，但我们在此前介绍的交易技巧仍然适用，因为人性基本上没有发生改变。

　　接下来我们将通过图例讲解这种珍贵的交易工具的结构，以及在交易中的具体使用方法。在本章中，我们将全面为读者解析鳄鱼线，包括它的功能、设置方法、结构以及如何利用这一策略来优化我们的入场和出场。

8.2　交易者的最大问题

　　金融交易也许是最令人兴奋的生活方式和财富累积方法。你是自我的主宰，同时也是自身最大的敌人。你必须独自承受相关决策带来的任何问题。如果发生亏损，你不能责怪其他人，即便你采用了其他人的交易方法，或是听从了其他人的建议，但最终导致失败的决策完全由你自行做出。同样，如果你在交易中取得成功，除了自己，你也无须感谢任何人，你没有欠任何人的恩惠。你不需要迎合任何人，政治立场这个词语在你的交易词典中并不存在。

但是这里有一个小问题。在绝大多数时间内，市场哪里也不去，也就是没有任何明显的方向。只有在 15% ～ 30% 的时间内，市场才会有较为显著的趋势。如果你不是专业的场内交易员，那么只有在市场有趋势的情况下，才能进行交易并盈利。毫无疑问，鳄鱼是显示趋势起始和持续程度的最佳指标。

鳄鱼是：

- 观察市场动量的整体性交易方法。
- 只根据当前市场趋势交易的简单指标。
- 在市场没有明确方向时的一种防范亏损的保护机制。
- 显示当前趋势结束的高级指标。

我们的问题是：我们并不想浪费时间和精力交易一个没有明显趋势的市场。如果市场中不存在明显的方向，那么好的交易机会也不存在。我们交易获利的第一前提就是确定市场的方向，换言之，我们要首先确定交易的时机。鳄鱼会给我们带来明确的指引。

8.3　什么是鳄鱼

大体上来说，鳄鱼是借由分形几何学与非线性动力学构架的一组均衡曲线（如图 8-1 所示，由于本书没有使用彩色印刷，因此如果读者想进一步了解彩色的图形，请登录我们的网站）。蓝线，我们称为鳄鱼的下颚或下颌，是我们图表中代表时间周期的均衡线。蓝线代表了在没有新信息传入的情况下的市场状况。蓝线和实际价格走势之间的差异代表着交易者对新传入信息的理解和应对。

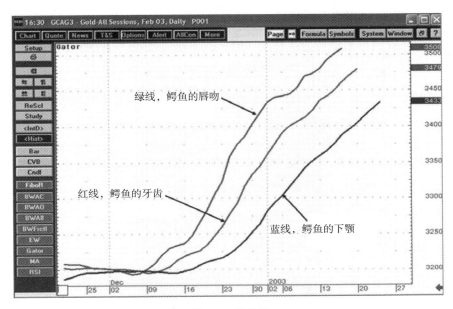

图 8-1　鳄鱼线

　　红线是比当前图表所显示时间周期低一时间级别的均衡线，低一级别，具体来说就是图表时间周期的 1/5 周期，如果当前图表为日线图，那么蓝线就是日线的均衡线，红线就大约相当于小时级别的均衡线。请谨记，这些曲线都是由大型计算机通过非线性反馈微积分计算后绘制的，其可信度超过 99.5%，这意味着在 200 笔交易中可能出现图形错误的交易不会超过 1 笔。

　　绿线则是更低一时间级别的均衡线，其时间跨度大约是红线的五分之一。如果图 8-1 为日线图，红线大约是小时级别的均衡线，绿线大约是 5 ～ 10 分钟级别的均衡线。

　　从另一个角度说，如图 8-1 所示，蓝线代表了日线图走势，红线则大约代表了小时图走势，绿线大致代表了 5 ～ 10 分钟图的走势。请注意，这里我们提到的时间周期都是粗略的估计值，并不是实际的时间。所有的三条曲线都是基于当前的价格数列绘制而成的。实际上交易者并不需要三个不同时间周期的图表。

新传入的信息首先会影响绿线，随后是红线，最后蓝线才会发生变化。为了便于理解，我们形象地将蓝线称为"鳄鱼的下颚"，将红线称为"鳄鱼的牙齿"，将绿线称为"鳄鱼的唇吻"。在交易者逐渐熟悉了这些名词之后，鳄鱼这个概念就变得更加生动。鳄鱼指标会给交易者带来指南，提示交易者何时应该入场，或者何时应该在场外等待直到鳄鱼饥饿而张开嘴。请注意，鳄鱼指标为我们提供了：

- 透过单一的图表，同时观察三个不同时间周期的市场动量的一种整合性方法。
- 判断趋势何时开始、何时停止的简单方法。
- 在市场陷入区间整理、没有明显方向时的一种保护机制。
- 显示趋势即将结束的一种高级指标。

8.4　鳄鱼线原理

再强调一次，蓝线是在（就当前图表时间周期而言）没有新传入信息时市场价格的均衡位置。如果出现了重大的突发事件，交易者会受到影响，因此实际价格走势会远离蓝线。如前所述，首先绿线会受到影响，随后是红线，最后蓝线也开始变化。显而易见，绿线最易受新传入信息的影响，蓝线最稳定。

在任何特定时间内，在股票市场中交易的股票数量或在期货市场中交易的合约数量都不及总数量的1%。其他99%的股票或合约的持有者都没有交易的打算，换言之，占总数量99%的股票或期货合约都没有在市场中流通交易。

在这种情况下，市场常常会陷入区间整理。只有很少量的股票或合约在市场上不断地被买来买去，市场参与者大多是活跃的短线玩家或是专业交易员。只有很少一部分的股票或合约一直被快速地换手，通常这时交易的盈亏也很有限。在这种市况下，三条线会彼此纠缠，这种走势传递出的信息说明交易者最好还是留在场外，因为这时没有足够重要的新传入信息推动市场走出趋势。市场经常会在小区间内达到多空平衡，这也是趋势在重要的支撑或阻力位附近会停歇的原因。

重大事件的发生或是新信息的传入才能使原先那些场外的观望者入场交易。这些信息最好是新发生的或是意料之外的事件，如此才能使更多的交易者进入市场，从而提高被交易的股票或期货合约的数量。最终在需求和供给的驱动下，市场才会出现显著的趋势。

这也解释了为什么狭窄的区间整理行情是交易者的噩梦。这时市场更容易被那些不起眼的小事件或消息影响，更容易出现停止、反转或达到多空平衡，这一切都远远发生在交易者意识到之前，因此交易者很难把握这种行情。

无论处在哪种市况下，万能的鳄鱼都会给交易者带来指引。一旦出现突发事件或市场中被交易的股票或合约的数量发生改变，绿线会首先揭示趋势可能的变动方向。

黄金的走势图（如图 8-2 所示，图 8-2 和图 8-1 相同，只是加上了具体的价格走势）展现了两种不同的市场走势。一种是新传入消息利多，因此市场中出现了强烈的上升走势，三条曲线开始向上发散，我们在图中将其标示为"饥饿的鳄鱼"。在图表的左下角我们可以看到另一种走势，我们标示为"沉睡的鳄鱼"，大多数交易者都会在此阶段出现亏损。因此，在鳄鱼处于沉睡阶段时，交易者最好留在场外，等到鳄鱼苏醒，想要进食时，再入场交易。

图 8-3 欧元 / 美元走势图是鳄鱼线的另一个典型例子，鳄鱼自沉睡状态苏醒，开始"吞食"价格。请注意，在整个上升趋势中，价格几乎一直保持在鳄鱼的唇吻（绿线）之上，没有任何出场的理由，交易者可以一直持有多头仓位。

如果新传入消息利空（见图 8-4），市场开始走出下跌趋势。鳄鱼开始张开嘴（绿线、红线、蓝线开始向下发散），向下吞食价格。鳄鱼为交易者揭示了一个潜在利润可观的做空良机。

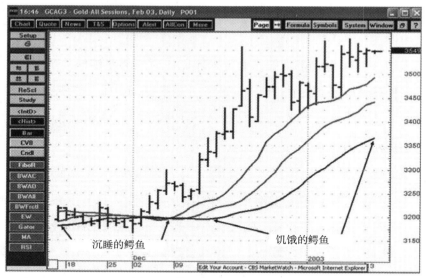

图 8-2　黄金走势图上的鳄鱼线

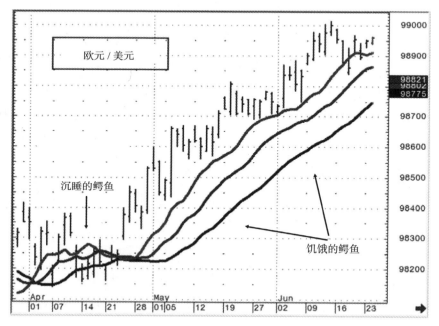

图 8-3　欧元／美元走势图上的鳄鱼线

图 8-4　美国在线（AOL）股票走势图上的鳄鱼线

图 8-5 展示了苹果电脑公司股票的走势图，首先鳄鱼处于沉睡阶段，随后开始苏醒，向下追逐和吞食价格。同样地，在这个例子中，价格一直在鳄鱼的唇吻之下，这显示出下降趋势非常强劲。

图 8-6 显示鳄鱼陷入了长时间的沉睡。在这种情况下，交易者最好不要进场打扰鳄鱼，应该耐心地等待鳄鱼的苏醒。如果交易者在鳄鱼沉睡的阶段强行入场交易，很有可能会由于市场不停地震荡而蒙受损失。

图 8-7 是另一个沉睡鳄鱼的例子，交易者这时最好待在场外。可可豆的周线图显示鳄鱼已经沉睡了两年。根据我们多年的经验，鳄鱼睡得越久，醒来就越饥饿。

图 8-8 显示了可可豆随后的走势。在漫长的睡眠之后，鳄鱼非常饥饿，导致可可豆价格持续下跌超过一年。顺着鳄鱼指示的方向交易可以使交易者抓住绝大部分下跌趋势并获得巨大的投资回报。

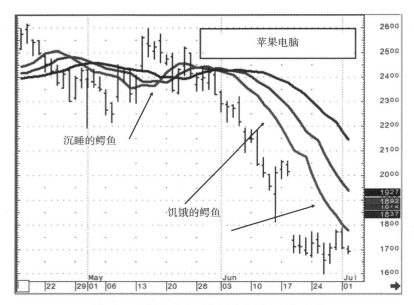

图 8-5　苹果电脑公司股票走势图上的鳄鱼线

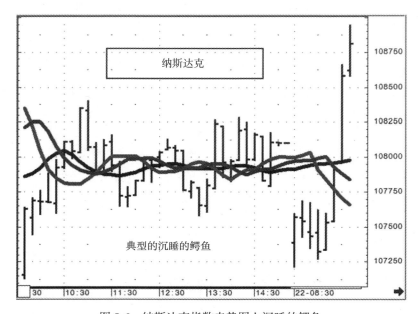

图 8-6　纳斯达克指数走势图上沉睡的鳄鱼

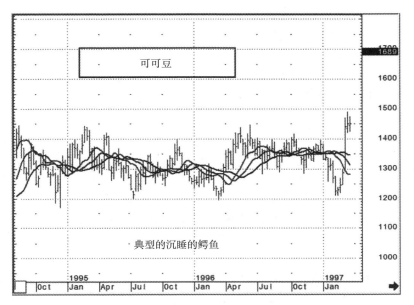

图 8-7　可可豆走势图上沉睡的鳄鱼

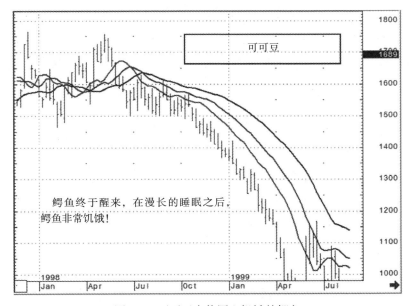

图 8-8　可可豆走势图上饥饿的鳄鱼

> 请记住，在没有新传入信息，即混沌的前提下，蓝色均衡线就是价格应该在的位置。

8.5 鳄鱼线的构建

各条均衡线的构成如下：

- 蓝色线——13 根价格柱的平滑移动平均线，同时向右（未来）平移 8 根价格柱。

- 红色线——8 根价格柱的平滑移动平均线，同时向右（未来）平移 5 根价格柱。

- 绿色线——5 根价格柱的平滑移动平均线，同时向右（未来）平移 3 根价格柱。

当今大部分行情软件都可以绘制移动平均线，当然我们研发的 Investor's Dream 也不例外。欢迎各位交易者访问我们的主页 www.profitunity.com，下载模拟交易软件。我们的软件集成了各种分析工具和海量的历史数据。请注意，所有的三条移动平均线都是作为主图指标叠加在价格走势图上的。

不同的行情软件可能会在计算和显示平滑移动平均线方面有些细微的差异。我们所使用的计算平滑移动平均线的方法是基于软件 Commodity Quote Graphics（CQG）。交易者使用其他软件时可能需要进行设定⊖，从而得到与 CQG 软件相同的平滑移动平均线。具体设置方法请参见 CQG 的官网（www. CQG.com）。我们的一致性获利小组为我们的学员们提供了 TradeStation 和

⊖ 在查阅了该软件后，译者发现其计算方法和目前主流的分析软件，例如期货之文华财经、股票之大智慧或外汇之 MT4 平台的计算方法基本没有不同。读者可以放心在这些软件中使用鳄鱼指标。——译者注

MetaStock[⊖]等其他几种行情软件的正确设置方法。

8.6 向未来延伸

在学习了图 8-9 之后，交易者已经了解到鳄鱼线是一种向未来延伸的均衡线。我们来详细了解一下这一信息给我们带来的提示。仔细观察图 8-10，交易者可以注意到在图表右侧的均衡线似乎已经有聚合的倾向，显示着鳄鱼可能即将进入睡眠。可是这个图表透露的信息并不完全准确。由于鳄鱼线是向未来延伸的均衡线，如果交易者能提前看到随后的（延伸至未来的）鳄鱼线，这样不是对交易者更有利吗？也许鳄鱼线在提示我们未来的价格走势。

- 下颚（蓝线）：当前时间周期的均衡线，13 根价格柱的平滑移动平均线，同时向右（未来）平移 8 根价格柱。
- 牙齿（红线）：比当前时间周期低一级别的均衡线，8 根价格柱的平滑移动平均线，同时向右（未来）平移 5 根价格柱。
- 唇吻（绿线）：更低一级别的均衡线，5 根价格柱的平滑移动平均线，同时向右（未来）平移 3 根价格柱。

图 8-9 鳄鱼线结构

在仔细研究了图 8-10 的鳄鱼线之后，我们来一起研读与原先相同的图表，即图 8-11。现在，我们可以清楚地看到鳄鱼透露出未来的价格可能继续上涨。仔细观察两个图表中向未来延伸的鳄鱼线的不同之处，毫无疑问，这些就是决定成败的细节。大多数图形软件（当然包括我们的 Investor's Dream、CQG 与 TradeStation）都具备将鳄鱼线向未来延伸的功能。

⊖ TradeStation 和 MetaStock 都是在美国较为常用的行情软件。——译者注

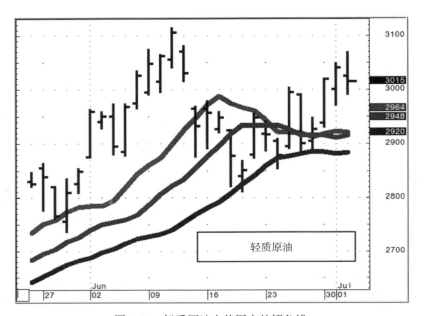

图 8-10　轻质原油走势图中的鳄鱼线

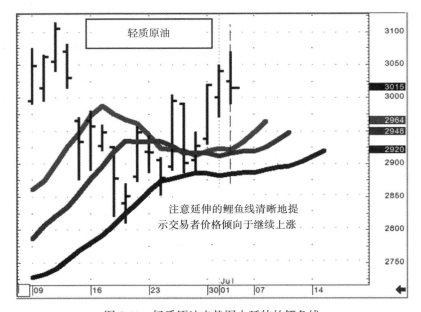

图 8-11　轻质原油走势图中延伸的鳄鱼线

8.7 价格走势图上的鳄鱼

再一次强调，图 8-2 与图 8-1 是同一图表，只是在图 8-2 上叠加了价格走势。如果平移后的移动平均线互相缠绕（见图 8-6 和图 8-7），代表着鳄鱼在睡眠阶段。鳄鱼睡眠的时间越长，醒来之后就会越饥饿。当鳄鱼在长眠后醒来，就会追逐和吞食价格（鳄鱼的食物），这时鳄鱼的胃口也就越大，需要"吃掉"比平常更多的价格。这些描绘市场的术语也许乍听起来有些奇怪，但它们却活灵活现地为交易者呈现了市场中的价格运动。

一旦鳄鱼吃掉了足够多的价格，就开始失去进食的欲望，渐渐地闭上嘴巴（鳄鱼嘴张开说明鳄鱼需要进食，三条均衡线彼此缠绕代表鳄鱼闭上嘴巴，它已经饱食准备休息或睡眠）。如果鳄鱼即将入眠，交易者就应立刻获利了结。在鳄鱼睡眠时，交易者应该在场外观望，耐心等候鳄鱼的醒来。

鳄鱼可以帮助交易者远离震荡的市场，也会在重大趋势起始时提示交易者入场。它是我们见过的最好的顺势交易工具。在第 9 章中，我们将仔细观察价格走势图，检视单根价格柱形态，并配合鳄鱼线和动量震荡指标精确地细化入场点。

通过鳄鱼的均衡线，即便交易者没有对波浪进行精确计数，交易者还能够利用艾略特波浪理论进行交易。如果当前的价格柱远离均衡线，说明市场在走某个级别的推动浪，如果价格与均衡线缠绕，那么市场处于调整浪之中。

· 结 语 ·

本章介绍如何使用鳄鱼线帮助交易者选择交易时机。市场的推动力来自交易者对新传入信息的理解和应对，蓝色均衡线代表市场在没有新传入信息（混沌）时的均衡价格。换言之，只有在市场呈现混沌（新信息传入）时，才会走出重大趋势。如果市场不处于混沌状态，价格走势将如同一条直线。交易者的任务就是甄别新传入信息的性质，然后将其有效运用于交易之中。

这些均衡线都是由大型计算机通过非线性反馈微积分计算，借此决定向未来时间的延伸程度。在这些因素被确定后，交易者可以在个人电脑简单地调用这些均衡线。它们的可信度超过99.5%，换言之，在个人电脑上使用这些均衡线，每200笔交易中可能出现图形错误的交易不会超过1笔。

第9章将为交易者介绍三位智者中的第一位，它的任务是帮助我们建立逆势仓位来捕捉新趋势的起始。这时交易者必须充分理解鳄鱼线的构成及其工作原理，同时也了解如何判断鳄鱼何时沉睡和何时开始进食。

第一位智者

大道甚夷，而民好径。

——老子

目　标

**了解如何进行逆势交易借此提升交易的胜
率和绩效。**

＊　＊　＊

　　现在交易者已经了解了鳄鱼线，认识到它能帮助我们对市场进行解析，下
面我们来探讨具体的入场点。在过去出版的两本书中，我们一直采用在利用鳄
鱼线确定市场趋势方向后再入场的策略。我们的第一入场点就是鳄鱼嘴外第一
个分形被突破时（详细策略参见第 11 章）。过去几年来，市场行为一直不断出
现变化，很少出现稳定、持续的上升或下跌趋势。过去那样简单的买入持有策
略已经很难创造良好的绩效了。如果想在当今的市场中获得成功，交易者必须
要更加灵活，具有阅读短期市场倾向的能力。自 2000 年以来的熊市使长期趋
势交易者备受煎熬。现在若想在市场中成功，交易者必须学会不要墨守成规，
学会根据不同的市场特性调整自己的投资策略。

　　面对这种情况，交易者要学会提前进入趋势，不应再放弃从趋势反转点到

鳄鱼嘴之上或之下的反转确认点之间的利润。另外，交易者还应学会去灵活地逆势做空或做多。总而言之，交易者应学会灵活操作和准确地找出趋势的反转点。

截至目前，看涨／看跌背离柱是我们预测趋势反转的最佳工具。

9.1　看涨／看跌背离柱

在过去，牛市的结束是因为所有的多头都已经买入，没有新的买盘出现。然而当今的市场已经有所不同，在上升趋势的顶部，激进的短线空头会主动入场，这改变了现代金融市场的许多行为特征。同时，这也改变了市场中重要趋势见顶或筑底方式。在下跌趋势中，市场反转的原因不再是没有新的空头入场，而是多头主动出击，打败空头进而造成市场的反转。因此交易者需要能提早察觉趋势反转的可能性。要做到这一点，交易者最好的工具就是远离鳄鱼线的看涨／看跌背离柱（也被称为多头／空头背离柱）。

看涨背离柱有一个更低的低点，同时收盘价在本根价格柱的上半部分（见图 9-1）。看跌背离柱则正好与此相反，创了新高，同时收盘在当根价格柱下半部（见图 9-2）。

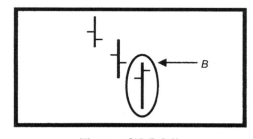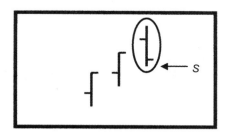

图 9-1　看涨背离柱　　　　　图 9-2　看跌背离柱

看涨背离柱告诉交易者，空头在开盘时掌控价格走势，随后多头积极反攻，在收盘时将价格推升至上半部分。看跌背离柱刚好相反，初期多头更具统治力，随后空头开始打压价格走势，最终收盘于价格柱的下半部分。

在常用的价格走势图中（包括蜡烛图），看涨／看跌背离柱都非常直观，容易识别。关键在于看涨／看跌背离柱不能出现在鳄鱼嘴之内，同时既有的价格走势应远离鳄鱼线。

9.2 夹角

我们在此前曾经提到，看涨／看跌背离柱必须远离鳄鱼线。交易者可以这样理解：在蓝线（鳄鱼下颚）和实际价格走势之间有一根橡皮筋。随着实际价格走势以一个陡峭的角度越来越远离蓝线，橡皮筋被越拉越长，其扭转当前价格走势的动量也就越来越大。我们称此为"夹角"，也就是说，如果我们沿着价格走势绘制一条直线，同时沿着鳄鱼线同样绘制直线，两条直线之间出现了明显的夹角。图 9-3 显示了这种方法，在 3 月债券合约的走势图中出现了向上的夹角，产生了一个看跌背离柱信号。

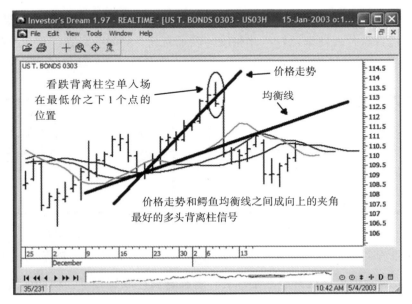

图 9-3　3 月债券合约走势日线图

图 9-4 显示了 APPX 药业公司的股票蜡烛图，交易者可以清晰地看到图中价格走势和鳄鱼线之间的向下夹角。

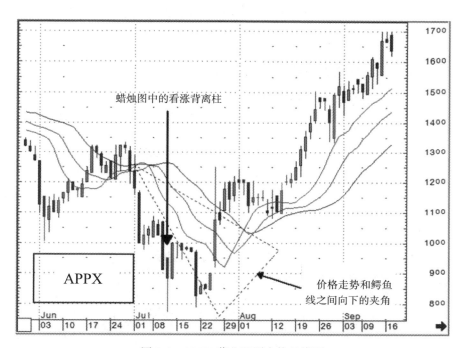

图 9-4 APPX 药业股票走势日线图

9.3 夹角的判断法则

如何准确地绘制夹角和判断夹角是否成立呢？只要遵循一些明确的法则，经过简单的练习之后，交易者可以轻易、快速地做出判断，以下是 4 个简单的判定法则。

（1）从价格柱和鳄鱼线（下颚、牙齿或唇吻）相交的位置开始。

（2）沿着鳄鱼线的运动方向画出一条直线。通常连接鳄鱼下颚（蓝线）和牙齿（红线）要比连接唇吻（绿线）做出的直线具有更高的重要性。

（3）沿着价格走势方向画出一条直线。如果是上升趋势，尽量沿着价格底部边缘画出直线；如果是下跌趋势，则沿着价格顶部边缘画出直线。

（4）如果两条直线明显发散，交易者就可以确定夹角的出现，正如图9-3和图9-4所示。

请谨记，只有在两条直线发散时，看涨／看跌背离柱信号才有效。这一点非常重要，可以帮助交易者在实盘交易对信号进行进一步的甄别。图9-5是凤凰城网络大学（UOPX）的股票走势图，在图中价格走势和鳄鱼线的运动方向平行，没有夹角出现，所以图中的看跌背离柱信号无效。

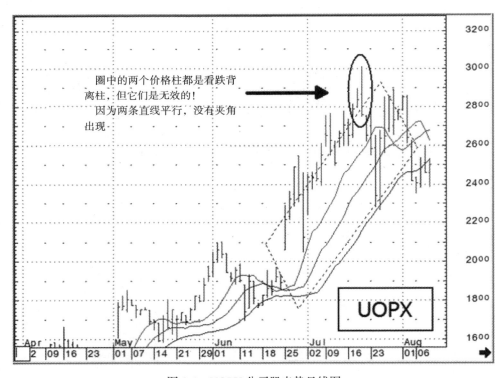

图 9-5　UOPX 公司股走势日线图

9.4 入场策略

一旦看涨／看跌背离柱信号出现（再一次强调，看涨／看跌背离柱不能出现在鳄鱼嘴之内，同时，信号位置离价格走势越远越好），交易者就可以挂单入场。如果出现了看涨背离柱信号，交易者应在当根价格柱的最上方稍高一点的位置⊖（如图 9-1 中点 B 的位置）挂买入（多）单⊖。如果是看跌背离柱信号，交易者应在价格柱底部稍低一点的位置挂卖出（空）单（如图 9-2 中点 S 的位置）。由于所有的看涨背离柱都出现在下跌趋势中，所以 AO 指标（动量震荡指标，具体说明请参见第 10 章）应该是红色的（说明动量向下移动）。同样，在上升趋势中出现看跌背离柱时，AO 指标应该是绿色的（说明动量向上移动）。毫无疑问，看涨／看跌背离柱信号都是逆势交易信号。

　　　　在每个伟大的交易之前，人们可能认为你是疯子，因为你的行为必定与大众相反。

图 9-6 是日元的走势图。圈中部分是一个良好的看涨背离柱。首先它在鳄鱼嘴之外，同时价格走势和鳄鱼线之间出现了夹角。交易者应在圆圈内那个看涨背离价格柱的高点之上一到两个点的位置入场买入。正如所见，交易者准确地找到了趋势的反转点，多单的获利颇丰。

⊖ 这里原文使用了 one tick above 是指在价格高点之上一个最小价格波动单位处挂多单，例如最高价为 2445.2，最小波动单位为 0.2，那么挂单位应在 2445.4 而非 2446.2。为了行文简洁，后文中都以一个点来进行说明。——译者注

⊖ 这里原文使用了 buystop，指在最高价之上挂单买入。稍后的 sellstop 指在最低点之下挂单卖出。——译者注

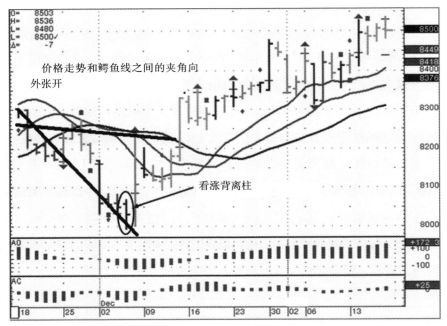

价格走势和鳄鱼线之间的夹角向
外张开

看涨背离柱

图 9-6 日元走势图

9.5 更多市场实例

只有在价格走势和鳄鱼线之间出现夹角后，交易者才可以根据看涨 / 看跌
背离柱信号进行交易。图 9-7 是道琼工业指数基金（DIA 或 Diamonds）的日线
图，其走势与道琼斯指数同步。市场处在下跌趋势中，在 12 月 31 日出现了看
涨背离柱。市场随之转入上升趋势，在 1 月 13 日又出现了看跌背离柱。这两
个连续出现的背离信号为交易者提供了两次很好的交易机会。

在图 9-8 的左侧，12 月 3 日出现了一个看涨背离柱信号，在高点之上一个
点的位置买入。12 月 10 日出现的看跌背离柱信号是无效的，因为这时没有出
现夹角。然而，在 1 月 7 日出现的看跌背离柱信号有效，因为这里的夹角很明
显。在 1 月底，图中又出现了一个看涨背离柱，这时交易者应该反手做多，因
为这是一个有效的看涨信号。

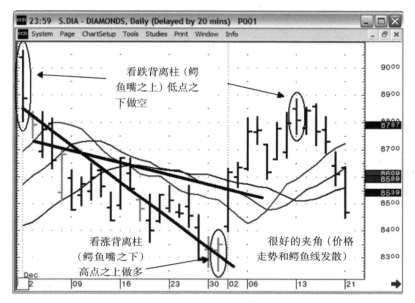

图 9-7　DIA 走势图中的看涨 / 看跌背离柱信号

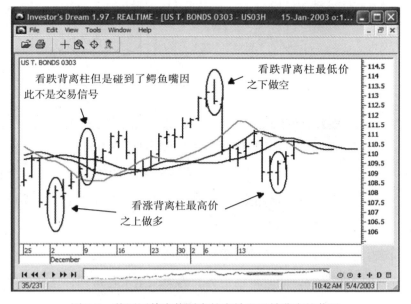

图 9-8　美国国债走势图中的有效和无效背离柱信号

图 9-9 是欧元/美元的走势图。在图表左侧，圈出部分是一个看涨背离柱，但这里的夹角过小，或者说，价格走势和鳄鱼线没有发散，因此这个信号的准确性就较差。几根价格柱之后，出现了看跌背离柱，但这个信号也被视为无效信号，原因是价格柱碰到了鳄鱼线。在图表右侧，当月的 29 日，出现了一个有效的看涨背离柱信号。因此交易者应该在这个价格柱最高价之上挂买单。

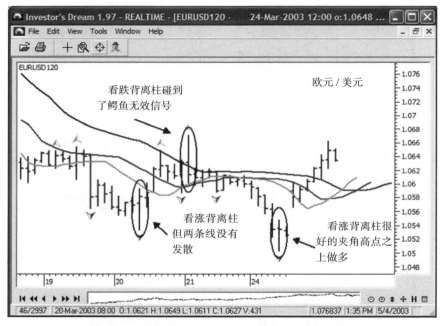

图 9-9　欧元/美元走势图有效和无效的背离柱信号

图 9-10 是纳斯达克综合指数的走势图。左上角的位置出现了两个看跌背离柱，夹角很明显。价格走势的斜率明显要大于同一时间周期内的鳄鱼线走势的斜率。

上面这个例子突显了夹角的重要性。仔细观察 1 月底到 2 月初的走势，价格处在持续的下跌之中，同时价格走势和鳄鱼线呈平行排列，这种现象说明下跌趋势仍将延续。一直到了 2 月 10 日前后，出现了看涨背离柱信号（左边圈

出部分）。但是，当时的价格走势和鳄鱼线仍是平行排列，因此这个看涨信号
不能被视为有效信号。价格随后出现了短期上涨，碰到鳄鱼线之后重新开始下
跌。但这一次价格下跌的速度明显比鳄鱼线回落的速度快，因此随后出现的看
涨背离柱信号是有效的（有夹角）。交易者在第二天跳空高开时入场做多，又
是一笔快速获利的交易。

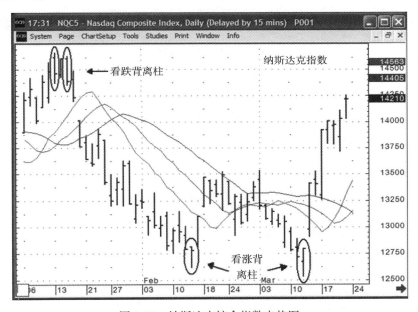

图 9-10　纳斯达克综合指数走势图

再强调一次，只有在又出现夹角，即价格走势和鳄鱼线发散时的背离柱信
号才有效。如果交易者还不清楚怎么确定夹角，请与我们办公室联系，我们将
为您详细解答。

图 9-11 是 Qlogic 公司（QLGC）股票的走势图（日线）。这张走势图提醒
交易者，并非每个背离柱信号都有效。① 没有形成夹角。请注意，图中的两
条虚线互相平行。② 价格柱进入到鳄鱼线之中。虽然价格随后的确反转向上，
但这个信号不能被视为有效信号，交易者不应据此入场。

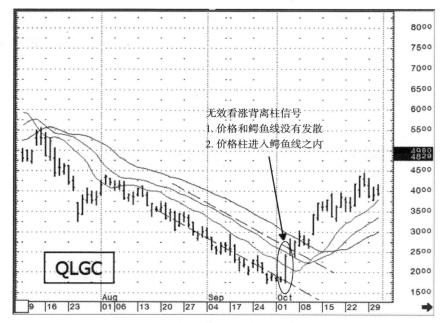

图 9-11　QLGC 公司股票走势日线图

　　图 9-12 是欧元 / 美元的日线图。图中圈出了两个看涨背离柱信号，第一个信号出现时，价格走势和鳄鱼线之间形成有效的夹角，因此这是一个有效的买入信号。数日后，另一个看涨背离柱信号出现，这时夹角较小，因此这个交易信号并不可靠。但这并不会对交易者造成影响，因为交易者根据此前的信号已经入场。也许交易者也注意到 11 月 26 日的看涨背离柱信号（在下跌趋势的中间位置）。这也不是一个有效的看涨信号，因为这时没有出现有效的夹角。

　　交易者应认识到，不是每个趋势结束时都会出现背离柱信号。图 9-13 是家得宝连锁超市（Home Depot）股票走势的日线图。在图中上升趋势的顶部并没有出现任何看跌背离柱。如果交易者希望在趋势顶部做空，可以采用我们在此前两本书（《证券混沌操作法》（第 1 版）和《证券交易新空间》）中所介绍的方法，或者参加本公司一致性获利小组的课程。

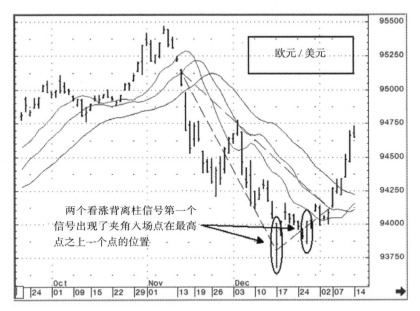

图 9-12 欧元 / 美元日线图

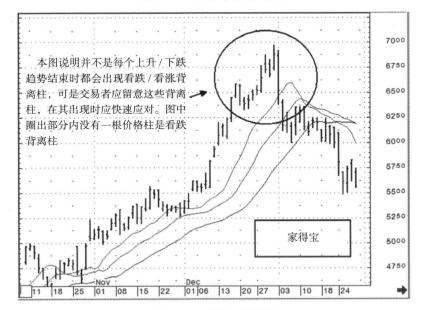

图 9-13 家得宝日线图

9.6　出场策略

一旦挂单被引发，交易者应立即设立保护性止损（单）。初始止损应当设定在看涨背离的低点之下或看跌背离柱的高点之上。交易者应设定较紧的止损，只需稍大于该价格柱的长度即可，换言之，初始止损应设在价格柱的另一端。

出现看涨背离柱时，动量震荡指标柱体的颜色为红色，代表市场动量仍在向下运行。出现看跌背离柱时，动量震荡指标的柱体颜色为绿色，代表市场动量仍在向上运行。这种情况进一步证实了交易者在逆势交易。再强调一次，动量震荡指标的详细解析请参见第 10 章。

让我再次回到图 9-3 的债券走势图，左起第 5 根价格柱是看涨背离柱。该价格柱远离鳄鱼均衡线，因此属于有效交易信号。次日，挂单成交之后，交易者应当在该价格柱低点之下设保护性止损。进场后的第 4 根价格柱是看跌背离柱，但这个价格柱与鳄鱼均衡线相互缠绕，因此不是有效交易信号。

再下一个信号出现在图表的顶部，这个看跌背离柱显然远离鳄鱼均衡线，所以它也是有效信号。这里的夹角很明显，识别的关键在于价格走势形成的角度要大于（越大越好）鳄鱼线形成的角度。如果在信号出现时，交易者仍持有多头仓位，那么交易者在这根价格柱的低点被突破时通过移动止损（当然是盈利的）出场多头仓位，同时反手做空。如果当时交易者持有一手的多单，那么在空头信号出现时，交易者相当于做了两手空单，一手是原有多单的平仓单，另一手是净空单。

随后趋势继续下跌，请注意在空单进场后的第 3 根价格柱，这也是一个看涨背离柱，但价格柱触及均衡线，因此这是无效交易信号。从图表右侧算起的第 3 根价格柱，也是有效的看涨背离柱，该价格柱创了新低，但收盘在上半部，夹角也很清楚。让我们再次强调，夹角明显是指连接价格走势的直线比连接鳄鱼均衡线的直线更为陡峭。如果交易者在识别夹角上还有疑惑，只需简单观察价格走势和鳄鱼蓝线的倾斜角度（发散）即可。在这根看涨背离柱出现之后，交易者可以出场空头仓位，同时开立多仓，具体的点位是在这根价格柱的高点之上一个点的位置。这个债券的走势图的跨度是 6 个星期左右，首先交易者在 108.12 买入，然后在 113.25 处反手放空。再根据下一个信号，再次反转为多头仓位。假定交易者仅持有 1 手合约，则这个交易周期内交易者的盈利为 9531.25 美元，当然还需要扣除两次手续费和可能的滑点造成的费用。

如果交易者同时按照三位智者信号进行交易，那么第二位智者可以增加 4843.75 美元的盈利，第三位智者可以增加 2656.25 美元的盈利，总盈利将变为 17031.25 美元，当然还需要扣除 6 次的手续费和可能的滑点造成的费用。这类的交易机会显然很不错，而且市场每天都会提供这类的交易机会。在随后的两章中，我们将为交易者分别介绍第二位和第三位智者信号。此外，我们的交易方法可以让交易者从时刻盯盘中解放出来。每天只需要抽出 2 秒钟的时间识别日线图上的进出场点即可。由于花费在分析市场或品种上的时间很少，因此交易者可以同时观察很多不同的股票或商品，挑选最适合的品种进行交易。

9.6.1 真的必须逆势交易吗

也许有些交易者会问："我们真的必须逆势交易吗？"答案很简单，逆势交易的止损很小，获利空间很大，如果趋势的确出现反转，那么交易者的获利会相当可观。

9.6.2 我在逆势交易，有些担心，我应该在哪里设置止损呢

假定趋势按照交易者的预期发展，接下来必须考虑止损点的设置。在做多

时，初始止损设在看涨背离柱的低点之下，做空时，初始止损在看跌背离柱的高点之上。如果出现反向背离柱信号或随后市场出现相反的分形形态，交易者应出场原有仓位并反手，如图 9-14 和图 9-15 所示。

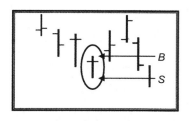 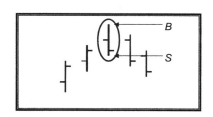

图 9-14　看涨背离柱的买入点和止损点　　　　图 9-15　看跌背离柱的卖出点和止损点

9.6.3　更多市场实例

图 9-7 的道琼工业指数基金的日线图是另外一个市场实例。这个图表覆盖了 6 个星期的时间。价格在图表结束时又回到图表开始时的位置。如果按照三位智者信号交易，每股的盈利为 11.96 美元。换言之，如果按照日线图交易，6 个星期的投资回报率为 13.7%。另外，在图表结束时交易者仍持有的空单的浮盈没有被纳入盈利率计算之内。

· 结　语 ·

正确地使用本章介绍的第一位智者信号，可以让交易者在趋势反转时获得可观收益，同时，即便趋势没有反转，可能出现的亏损也被限制于小额。使用第一位智者信号的关键在于，信号是否出现在远离鳄鱼均衡线的位置，或者说，是否带有显著的夹角。我们发现几乎任何交易者可以把握的趋势在转势时都会出现看涨或看跌背离柱信号。这个交易信号可以运用于不同时间周期，例如周线图、日线图或 5 分钟图，也适用于各种金融市场，例如股票、债券或商品期货市场。因为人性不会因为时间周期或市场不同而改变。

在进入下一章之前，我们强烈推荐交易者仔细观察各种走势图，坚定交易者自己对于本章所介绍的交易信号的信心。第 10 章的内容是第二位智者信号，它建立在市场动量变化的基础上，而背离柱是引发市场动量变化的最主要因素。

在第 11 章，我们将一同探讨分形突破交易，这是一种很好的加仓策略。

第二位智者

利用动量震荡指标加仓

在金融市场中，诚实即力量，简单即能量，纯真即
能力。

目　标

学习在首次进场后如何加仓。

* * *

　　一旦交易者依据第一位智者——看涨 / 看跌背离柱入场交易后，假定市场向预判方向运行。下一个问题就是，交易者是否应该加仓？如果应该加仓，那么哪个才是正确的加仓位置？再一次，市场会给出这些问题的答案。

　　第二位智者信号是基于动量的变化。第一位智者可以使交易者在趋势的起始阶段入场，这是最佳的入场位，但是，只有在市场随后走出了与预判相同的走势后，交易者才能确定持有了正确的仓位。请谨记，第一位智者信号是一种较为激进的信号，是一种对行情的预判，如果随后市场走势的确符合预期，那么交易者当然希望在这段趋势中能尽可能地获取最大利润。

　　第二个入场信号是动量震荡指标（awesome oscillator，AO）。毫无疑问，在商品期货和股票市场中，AO 指标是最佳的震荡指标。通过 AO 指标交易者可以清晰地观察市场的走势，就好像在阅读明日的《华尔街日报》一样。AO

指标的构造很简单，但很有效。基本上，AO 指标是 5 根价格柱的简单移动平均值减去 34 根价格柱的简单移动平均值（见图 10-1）。交易者只使用 AO 指标也可以在期货和股票市场中获利，具体的使用方法请参见下一章。

动量震荡指标为交易者提供了获利的钥匙。

动量震荡指标测算了 5 根价格柱相对于 34 根价格柱的动量变化。

首先计算最近 5 根价格柱的最高价和最低价间的中点的简单移动平均值，即（最高价 - 最低价）/2 的简单移动平均，将得出的值减去最近 34 根价格柱的最高价和最低价中点的简单移动平均值，即（最高价 - 最低价）/2 的简单移动平均。两者之间的差值就是 AO 指标，并以柱状图的形式显示。

动量震荡指标显示了当前的动量变化。

图 10-1　动量震荡指标构成和简介

10.1　动量震荡指标解析

交易者正确地理解和使用动量震荡指标，就如同获得了开启财富之门的钥匙。动量震荡指标既适用于股票市场，也可以用来解析期货市场。动量震荡指标衡量了最近 5 根价格柱的即时动量，并将其以最近 34 根价格柱的动量进行对比，以此揭示动量的变化（如图 10-2 所示）。动量震荡指标类似于我们此前书（《证券混沌操作法》第 1 版）中介绍过的市场促进指标（MFI）。

交易者应认识到，价格是市场中最后发生变化的要素。在价格发生变化之前，动量会先出现变化；在动量发生变化之前，当前动量的速度先出现变化；在动量的速度发生变化之前，成交量会先出现变化；在成交量发生变化之前，所有交易者和投资者对市场的认知和采取的行动（都是混沌的）会先出现变化。

动量震荡指标是我们在 50 年的交易生涯中找到的最好和最准确的指标，当然前提是交易者能正确地理解和使用。如果交易者能真正了解这个指标的使用方法，那么在随后的几年内，它将为交易者至少带来七位数的财富。

图 10-2 显示了在图表下半部附加了动量震荡指标的走势图。举例来说，

一旦指标向下反转，交易者可以直接给经纪人打电话说："以市价卖出。"并一直持有空头仓位直至动量震荡指标向上反转，这时再给经纪人打电话说："市价买入。"听起来难以置信，是吗？交易者可以仔细观察其他一些走势图表来自行验证。请别误会，我们并不建议交易者只使用动量震荡指标进行交易，因为还有更为优化的交易策略。但是，当某个交易者说自己根本不用看价格走势图或根本不知道当前价格就能交易并盈利，想一下其他交易者的反应吧！

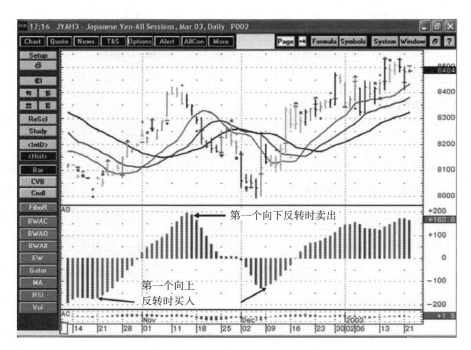

图 10-2　附加动量震荡指标的价格走势图

在本公司开发的"投资者之梦"高级图形分析软件和其他一些常用软件中，只要当前的指标柱柱体值大于前一根的柱体值，当前柱体的颜色就被显示为绿色；反之，如果当前柱体小于前一根柱体，当前柱体颜色则为红色。所以交易者只需要留意柱体颜色的变化就可以了解市场动量的改变。

10.1.1　动量震荡指标的买卖信号

通常动量震荡指标信号是趋势起始阶段的第二个入场信号。假定此前在鳄鱼线之下出现了看涨背离柱信号，交易者应在当根价格柱的最高价之上通过挂单入场做多，随后继续寻找加仓信号。不要忘记，在多头背离柱信号出现时，动量震荡指标的指标柱的颜色应为红色（再次提示了交易者正在逆势交易），但一旦显示市场动量变化的动量震荡指标的柱体变为绿色（通常出现在入场价格柱对应的指标柱后的 2 ～ 4 根柱体内），这就是一个不错的加仓信号。通常交易者应该在连续出现第三根绿柱后加仓，在对应的价格柱的最高点之上挂买入单。

图 10-3 是日元的走势图，图中显示了第一位智者和第二位智者的买入信号。这时交易者可以确定预判的趋势方向成立，我们所持仓位正确。经过一定的练习，交易者可以轻易地识别这种入场或加仓信号。

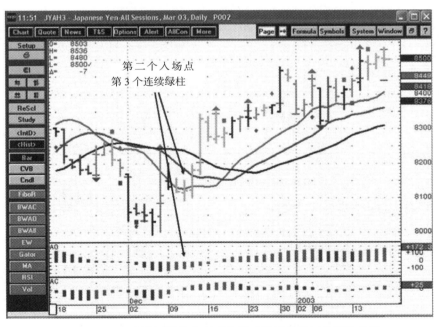

图 10-3　3 个连续绿柱的出现确定了动量震荡指标的买入信号

10.1.2　更多市场实例

图 10-4 是博适公司（Biosite Inc BSTE）股票日线走势图。图中在向下的跳空缺口之后出现了看涨背离柱信号，这个信号出现在鳄鱼线之下，带有很好的夹角，因此是一个有效信号。请注意，动量震荡指标（红色）仍在下降中，说明这是一个逆势交易信号。动量震荡指标随后继续下降了数日，在 1 月 31 日达到最低值，随后开始向上反转。在 3 个交易日之后，出现了第 3 根连续上涨的绿柱，交易者这时应在当根绿柱对应的价格柱的最高点之上一个点的位置设立止损买入单。本例中，随后的交易日出现了跳空高开，交易者的买单在开盘时就被引发。

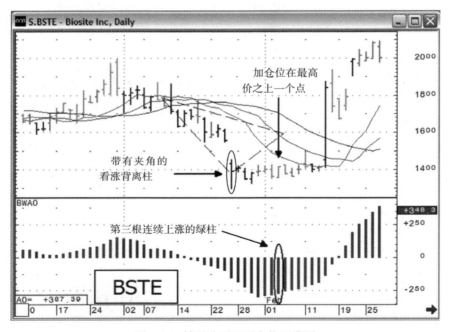

图 10-4　博适公司股票走势日线图

图 10-5 所示的加元走势图提醒交易者应同时注意看涨和看跌背离柱信号。

在这个例子中，交易者看到了看跌背离柱信号，同时带有很好的夹角（图中三角形虚线标示），因此交易者可以开立空单，同时动量震荡指标仍持续上涨了几根。请注意，直到看涨背离柱信号之后 6 根价格柱之后才出现了动量震荡指标的卖出信号。交易者不应期待动量震荡指标信号会在背离柱信号之后立刻出现。动量震荡指标信号出现说明市场动量即将发生变化，而这个正负值的变化通常出现在几根价格柱之后。

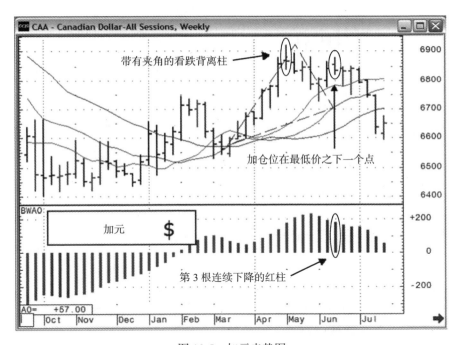

图 10-5　加元走势图

图 10-6 是康姆泰克通信公司（CMTL）股票日线走势图，这几乎是一个利用背离柱信号入场、利用动量震荡指标信号加仓的典型例子。仔细观察图中的动量震荡指标，交易者可以发现，在图表左侧动量一直持续下跌，价格比动量早 4 天出现拐点。看涨背离柱信号为交易者提供了最佳，也最易识别的入场

位。在交易者入场之后的几天后,市场的动量发生了方向性的变化。第三根连续出现的绿柱证实了交易者预判的趋势方向,因此交易者在此处可以进一步加仓。

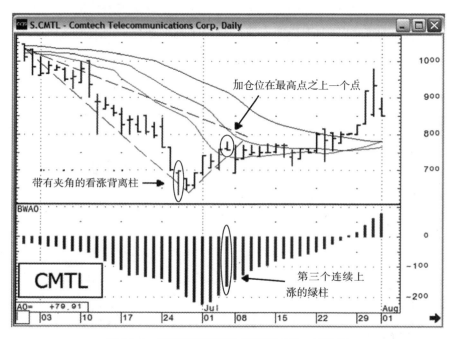

图 10-6　康姆泰克通信公司股票走势:日线图

图 10-7 是白糖的走势图。当价格出现急涨或急跌时,交易者应留意是否会出现看涨或看跌背离柱信号。很长的背离柱的出现本身就有很强的反转倾向,往往也足以创造有效的夹角。请注意图 10-7 中的巨大的看跌背离柱信号,它仿佛在对交易者说:"快来看这里,趋势即将改变方向了!"在几根价格柱之后出现的动量震荡指标信号确认了趋势的改变。随后白糖陷入了漫长的下跌趋势之中。

现在我们已经一起通过各种例子探讨了看涨或看跌背离柱的入场信号和动

量震荡指标的加仓信号，接下来我们一起来学习相关的保护性止损和止损并反
手的交易策略。

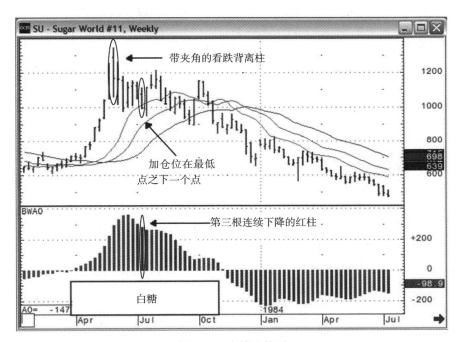

图 10-7　白糖走势图

图 10-8 是美元指数走势图，图中出现了第一位智者和第二位智者的买入
或卖出信号。在 11 月中旬出现了看涨背离柱（第一位智者），在几个交易日后
出现了动量震荡指标的加仓信号（连续上升的绿柱）。在 12 月 1 日出现了看跌
背离柱信号，这时交易者应该获利出场，也可以反手做空，在 12 月 5 日出现
了动量震荡指标的加仓信号（看空）。交易者应当一直持有空头仓位直至 1 月
末，也就是图的尽头。这张图清晰地展示了如何使用两位智者信号在上升和下
降的市场趋势中交易获利。在第 11 章，交易者可以学到如何使用分形突破进
行进一步的加仓，这也是所谓的第三位智者信号。如果读者希望能进一步理解

相关内容，请登录我们的网站（www.profitunity.com），其中有许多带有彩色图
的市场实例供交易者学习。

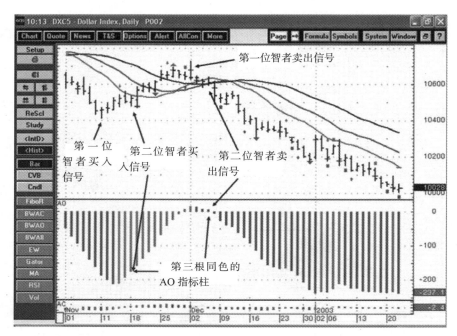

图 10-8　美元指数走势图

10.2　测量动量变化

　　截至目前，交易者已经学习了如何使用混沌理论在股票和期货市场中进行
交易。现在我们将注意力集中于最主要的决策工具——鳄鱼线之上，并使用鳄
鱼线对交易信号进行过滤，同时开发出一种盈利加仓的方法。看涨或看跌背离
柱信号可以使交易者在趋势的初始阶段入场交易，正如在第 9 章中阐述过的，
这是最好的入场位。

　　想象下一个滚动的保龄球，保龄球自身的重量和动量使它不停地向前滚
动。如果遇到上坡，它的动量开始减弱。从物理学角度来说，滚动速度开始放

慢其实就说明了向相反方向运动的速度在增加。换言之，在价格改变方向之前
（也就是交易者俗称的趋势转向），既有的动量必须首先停止，随后向相反方向
运行。如同此前提到的，观察动量震荡指标就像在阅读明日的《华尔街日报》。
动量震荡指标是我所见过的衡量市场动量变化最好的工具。

10.3　保护既有仓位

假设交易者已经入场，并根据第二位智者信号加仓，接下来的问题就是使
用止损和移动止损来保护既有的仓位或在出现反向信号时快速反手。如同在第
9 章所说明的，如果根据看涨背离柱信号入场，交易者应在入场的那根价格柱
最低点之下设立保护性止损。在加仓后，交易者可能会见到分形卖出信号（详
细解析请参见第 11 章）。有一点需要注意，如果遇到分形卖出信号，交易者应
立刻出场或出场并反手。一般来说，一旦出现了反向信号，就说明市场证明了
交易者的判断（买入）是错误的。新出现的空头信号代表着市场现在的动量。
在多数情况下，随后的空头仓位的盈利足以弥补此前多头仓位的损失。在第 11
章的后半部分，在交易者完全学习三位智者信号之后，我们将进一步解析如何
使用移动止损来最大程度保护盈利和将损失最小化。

· 结　语 ·

本章介绍了三位智者中的第二位智者——动量震荡指标。它确认了
交易者所持仓位与市场当前动量变化方向一致，因此它是一种加仓信号。
请注意，我们的初始入场是逆势交易，因此，在初始入场时的市场动量
方向并不与我们的交易方向一致，我们遵循的是"买低卖高"的交易原
则。在下一章我们将探讨突破交易，这也是大多数优秀交易者的初始入
场点。如果我们按照带有夹角的看涨或看跌背离柱信号入场，通常我们

已经领先于大多数交易者。同时，由于我们的入场点较为理想，因此可以采用较小的止损。

在阅读第 11 章之前，交易者必须确定已经充分了解第一位和第二位智者信号。学习第三位智者信号之后，交易者就掌握了一套完整的市场交易策略。利用第三位智者信号，交易者还可以灵活并有效地设置止损点。

第三位智者

利用分形突破交易

他说："到悬崖边来。"

他们说："我们害怕。"

他说："到悬崖边来。"

他们说："我们害怕。"

他说："到悬崖边来。"

他们走了过来，

他推了一下，

他们掉了下去。

了解并掌握如何通过分形结构交易。

* * *

很多市场老手都认为在交易中获利很容易，难的是保住这些既有盈利。在大多数情况下，市场中没有明显的趋势，只有在很少数情况下（大约在 15%～30%），市场中才会出现容易辨识的趋势。只有场内交易员和少数交易专家才能驾驭这种行情。大多数交易者设定的止损过紧，经常被反复震荡的行情扫出局。只有在市场出现长期趋势时，交易者才可能获得较大的利润，因此，交易者首先要考虑的就是不要错过任何重大行情。请记住，分形信号是第三类入场信号，虽然分形信号也可能与第一位智者或第二位智者信号同时出现。

11.1　分形突破

假设交易者根据第一位智者信号（看涨／看跌背离柱信号）建立起始仓位，很可能又根据第二位智者（动量震荡指标信号，连续三根上涨的绿柱或连续三根下跌的红柱）进行了加仓。然后市场又出现了分形信号，这是市场沿着看涨或看跌背离柱信号指明的方向给出的突破信号。分形信号是第三个入场信号，如果交易者已经根据前两个信号入场交易，那么这时交易者的账户应该已经有了浮盈。分形突破信号再次证明了交易者对于趋势方向改变的判断正确无误，至少截至分形信号出现时交易者的判断是正确的。

11.2　分形形态

分形形态并不复杂。市场总会向一个方向或另一个方向运行。经过了一段时间之后，所有的多头都已经入场（上升趋势中），由于买盘不继或者短线空头入场，市场开始下跌回调，随后，新信息的传入（混沌）开始影响交易者的判断，新的买盘开始出现，市场再次开始上涨。如果当时市场的动量或多头的力量足以使价格突破前期的向上分形（up fractal），那么交易者应在分形高点之上挂止损买入单（以高价买入）。下面我们来一起探讨几种典型的分形形态。

图 11-1 中的形态 A 是标准的分形形态。向上分形的定义是：至少由连续 5 根价格柱组成，最高的高点左右有两根较低的高点，这两个高点的左方或右方又有两个较低的高点（卖出分形的构造正好与此相反）。较视觉化的方法就是，举起你的一只手，放在眼前，手指展开并且中指向上。你的手指就是你的连续的 5 根价格柱，你的中指就是最高的高点，这就构成了一个分形形态。在向上分形中，交易者只需观察每根价格柱的最高点，而在向下分形中，只需观察每根价格柱的最低点。交易者在判定时还需要参考下面的一些重要限定条件。

形态 A 是原始的分形形态，形态 B 同时满足向上分形也是向下分形的定义，因为中间的分形（中指）的高点高于左右两边的两根价格柱的高点，同时低点也低于左右两边的两根价格柱的低点。

形态 C 显示了在 6 根价格柱中同时出现的向上分形和向下分形。如

图 11-1 所示，这个分形结构共用价格柱。形态 D 是 6 根价格柱组成的分形形态，因为第 5 根价格柱的最高点等于此前的最高点。这里再重复一下定义以示强调：（向上）分形形态的最高点必须高于此前和此后的两根价格柱的高点（向下分形正相反）。在买入分形中，交易者只需观察每根价格柱的最高点；在卖出分形中，交易者只需观察每根价格柱的最低点。

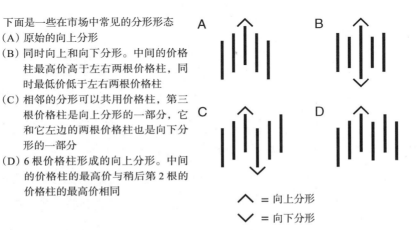

下面是一些在市场中常见的分形形态
（A）原始的向上分形
（B）同时向上和向下分形。中间的价格柱最高价高于左右两根价格柱，同时最低价低于左右两根价格柱
（C）相邻的分形可以共用价格柱，第三根价格柱是向上分形的一部分，它和它左边的两根价格柱也是向下分形的一部分
（D）6 根价格柱形成的向上分形。中间的价格柱的最高价与稍后第 2 根的价格柱的最高价相同

∧ = 向上分形
∨ = 向下分形

图 11-1 典型分形形态

图 11-2 展示了更多的分形形态。上面一行是分形买入形态，下一行是分形卖出形态。分形形态揭示了市场行为的发展阶段。一旦交易者理解了分形形态的行为功能如何随着市场波动而变化，交易者的交易绩效可以借此得到大幅提升。

分形形态在价格走势图中随处可见。使用本公司开发的"投资者之梦"图形软件或其他一些常用行情软件，诸如 TradeStation、MetaStock 或 CQG 时，交易者可以自行设置警报来提醒交易者分形形态的出现。图 11-3 就是使用"投资者之梦"软件显示分形形态的一个例子。交易者应当首先练习如何在走势图上识别分形形态，并形成一种直觉。有了这种直觉之后，接下来交易者应当关注分形形态所提供的交易信号。

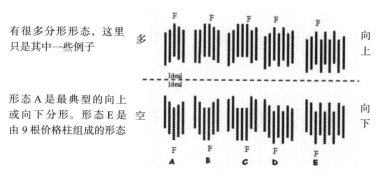

有很多分形形态，这里
只是其中一些例子

形态 A 是最典型的向上
或向下分形。形态 E 是
由 9 根价格柱组成的形态

图 11-2　价格走势图中的各种分形形态

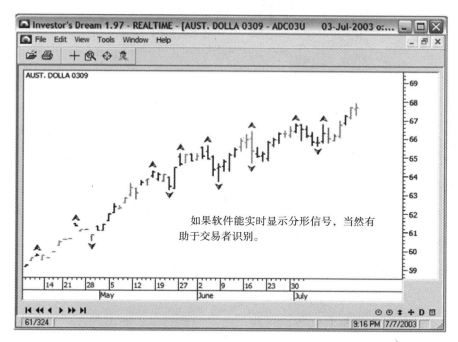

图 11-3　澳元走势图中分形形态

　　分形形态一旦形成，其种类是固定的（上升或卖出分形），但其所起的作用
取决于形态相对于鳄鱼线的位置。图 11-4 中展示了买入分形和卖出分形。只

有在买入分形信号出现在红色鳄鱼线（鳄鱼牙齿）之上时，交易者才可以认定这个信号有效，在分形高点之上一个点的位置挂单买入。同理，如果卖出分形信号出现在红色鳄鱼线（鳄鱼牙齿）之下，交易者可以认定这个信号有效，并在分形低点之下一个点的位置挂单做空。

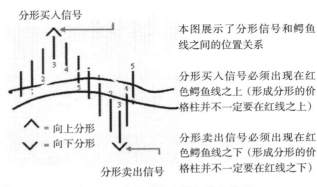

图 11-4　分形形态和鳄鱼线的关系

　　下面的内容交易者务必谨记。如果分形买入信号出现在红色鳄鱼线（牙齿）之下，交易者不能根据此信号入场做多。如果分形卖出信号出现在红色鳄鱼线之上，交易者不能认定此信号有效，并入场做空。这是我们找到分形买入或卖出信号的最佳过滤策略。

　　分形信号出现的位置（相对于鳄鱼线）决定了信号的效果，在被击穿前，即在新出现的分形信号创出了新的高点或低点之前，原分形信号持续有效。请记住，即便分形形态的高点被最新出现的分形形态突破，即出现了分形买入信号，这个买入信号的有效性还需经过鳄鱼线的检验。换言之，在鳄鱼的牙齿之下出现的分形买入信号无效，同理，如果分形卖出形态出现在鳄鱼的牙齿之上，那么交易者这时不应考虑做空，因为这时出现的分形卖出信号无效。

　　顾名思义，突破信号指从某个地方突破、脱离，在鳄鱼线策略中，是指价格从鳄鱼嘴（三条线缠绕）中突破。图 11-4 说明了交易者不必特意考虑可能的突破方向，无论价格向上或向下突破，交易者只需顺着突破方向建立相应头寸即可。

有效的分形信号的判定并不复杂。图 11-5 是豆油走势图。图中出现了有效的分形信号和随后的分形入场信号，图表右侧又出现了一个分形信号，但这个信号出现在鳄鱼线之内（红线之下），因此即便随后出现了分形买入信号（分形信号的高点被升破），交易者也不能据此入场做多。事实上，市场价格持续下跌，分形买入信号并未出现。

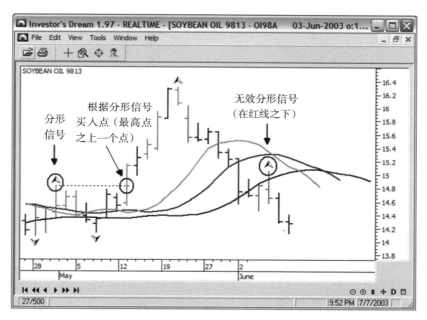

图 11-5　分形进场点范例——豆油走势图

图 11-6 显示的是麦当劳公司股票的走势图。第一个向下的分形卖出信号无效，因为这个信号出现在红线之上。第二个信号有效，因为这时的分形卖出信号在红线下被引发。谨记，分形形态出现的位置不重要，重要的是分形卖出信号被引发的位置（必须在红线之下）。

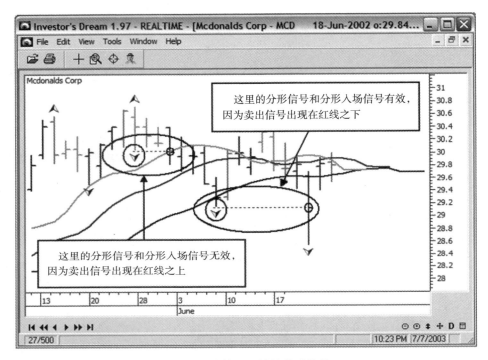

图 11-6　有效和无效的分形信号

图 11-7 显示了各种分形信号，其中一些是有效信号，一些是无效信号。举例来说，分形 a，c，d，e 和 f 都是有效的买入信号。分形 b 给出的卖出信号一直没有被引发，分形 g，h 和 j 是无效信号，因为这时市场处于震荡整理之中（鳄鱼线在出现缠绕），没有明显的趋势。市场的潜在结构就是艾略特波浪理论，艾略特波浪理论的潜在结构则是分形，这方面的详细内容请参见之前出版的《证券混沌操作法》第 1 版。

图 11-8 是波音公司股票日线走势图，图中出现了一系列的分形信号，这些分形信号在下跌趋势中被有效引发（分形卖出信号）。请注意，每个分形信号被引发的位置（价格位）都低于鳄鱼线，因此，每个出现的分形卖出信号都为交易者提供了一个良好的入场或加仓的机会，借此提高整体交易的盈利。

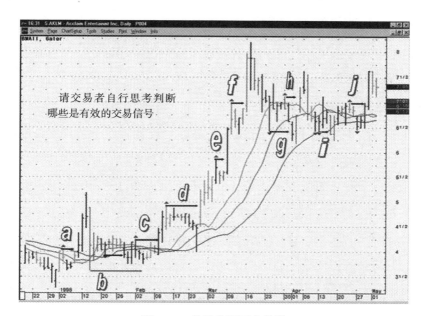

图 11-7　各种分形买入信号

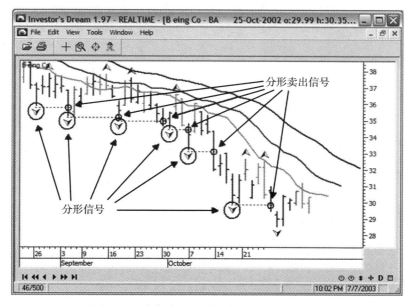

图 11-8　波音公司股票日线走势图中的分形

艾略特波浪理论是对市场根本结构的解析，分形是对艾略特波浪理论的解析。正确地识别分形可以提高交易者通过艾略特波浪理论进行交易并获利的能力，即便交易者并不知道市场当前处于哪一浪中。每当新信息（混沌）传入市场，既有的分形形态将随之改变。

仔细观察图 11-10，第一个进场信号是第一位智者看涨背离柱，即图中圈示处。第二个入场信号是标示为 a 的向上分形被升破时，即圈中价格之后的第 3 根价格柱处。根据动量震荡指标，在 b 和 c 之间也出现了买入或加仓信号。向上分形 b，c，d 等的升破再次为交易者提供了入场或加仓的机会。最后，在最顶端的位置，e 处，出现了看跌背离柱，交易者可以在此处出场，同时可以反手做空。请注意，这是 5 分钟的走势图，短短两个小时之内，交易者就已经获得了不菲的盈利。

- 介于向上分形和向下分形之间的走势，都属于某个级别的艾略特波浪。
- 分形是一种行为的变化。它是由 5 根价格柱构成的排列。向上分形的中间价格柱（或价格柱组）的最高价是分形的最高价，向下分形的中间价格柱（或价格柱组）的最低价是分形的最低价。
- 交易分形的方法是：每当价格突破分形的极值（向上分形的最高价或向下分形的最低价）时，顺着分形给出的突破方向交易。

图 11-9　分形策略要点回顾

分形可以让交易者随着趋势交易。a 是第一个入场信号，大多数交易者这时不会入场交易，因为信号出现在鳄鱼线之下。b 也是如此，大多数交易者不会入场。到了 c，大多数交易者开始入场；在点 d，剩下的交易者也入场交易。请注意在 c，d 入场的交易者随后将倍受折磨，因为市场开始震荡整理。关键是在鳄鱼线之内交易时应保守，之外时应激进

在分形高点 a 被突破时（圈中价格柱之后第 3 根），AC 和 AO 指标已经变为正值。这里是上升趋势的起始阶段，也是最佳的入场点

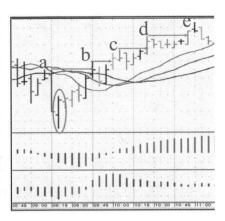

图 11-10　三位智者信号的结合使用

· 结 语 ·

本章我们学习了如何通过分形突破进行交易。分形揭示了行为的变化，但在使用时必须考虑市场的整体行为。从定义上来说，分形是至少5 根连续价格柱组成的排列，其中最高点左右两边必须有两个较低的高点，当然这是向上分形，向下分形的定义与此相反。显而易见，交易者都希望在趋势的起始阶段入场，因此我们一般采用鳄鱼嘴外的第一个分形突破信号。一旦该分形被突破，交易者可以利用相同方向出现的分形信号继续加仓。

现在，交易者应该能够轻易地识别三个买入 / 卖出信号。理想状态下，最先出现的是远离鳄鱼线的看涨或看跌背离柱信号。第二个信号是动量震荡指标的连续 3 根同色柱体，入场点在对应的价格柱的高点之上（做多时），或在对应的价格柱的低点之下（做空时）。第三个入场点是分形形态被突破的位置。如果市场继续向既有方向运行，每次同向的分形形态的出现都为交易者提供了再次加仓的良机。

第 12 章我们将探讨三位智者信号的整体交易策略。

综合运用三位智者信号

目　标

掌握在不同市况下的最佳交易策略。

* * *

截至目前，交易者已经分别学习了三位智者信号，接下来我们将进一步进行探讨，如何有效地将三位智者信号结合起来一同运用。首先，我们观察最典型的使用方式，交易者一般按照以下步骤入场交易。

（1）看涨 / 看跌背离柱；

（2）动量震荡指标：连续三根相同颜色柱体；

（3）分形信号。

12.1　买入或做多

图 12-1 展示了黄金价格的上升趋势，点①标示着一个带有明显夹角的看涨背离柱。因此，交易者应在点①（价格柱）的最高价之上一个点的位置挂单做多。点②，次日买入止损单被引发，交易者入场并持有多头仓位。点③是

第 3 根连续绿色动量震荡指标柱体，代表着另一个入场或加仓机会，这个信号在点④被引发。点⑤标示着向上的分形形态，在点⑥交易者再次入场（加仓）。点⑦是又一个分形信号，该信号在点⑧被引发。市场继续上升，在点⑨再一次出现向上分形形态。请注意，在点⑩处的价格柱引发了点⑨处上升分形所给出的买入信号，同时点⑩处的价格柱本身就是看跌背离柱，如果随后价格跌破点⑩处价格柱的低点，交易者应该立刻平掉多头仓位，甚至开始反手放空。（提示：随后的价格柱的确反转了上升趋势，这也是在写作本书时作者持有黄金空头仓位的原因。）

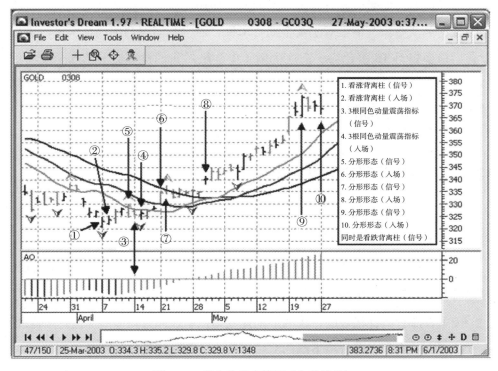

图 12-1　黄金价格走势图（上升趋势）

实际的交易结果如何呢？相关的入场位及获利情况如下所示：

买入信号	每手合约	倒金字塔加仓后
	盈利（美元）	获利（美元）
（1）324.9 看涨背离柱信号	4 180	4 180
（2）327.6 连续 3 根动量震荡指标绿柱	3 910	19 550
（3）330.1 分形信号	3 660	14 640
（4）337.6 分形信号	2 910	8 730
总计 =	14 660	47 100

这个例子充分说明了一手期货合约或股票在短短 6 个星期内所能创造的盈利。本章稍后部分还将对倒金字塔加仓法进行详细说明。这些年来，我们一直强调这一理念，如果交易者知道如何获利，使用正确的资金管理原则可以使原先的盈利至少增长一倍。对于黄金期货来说，通常我们在利用倒金字塔法进行加仓后最多持有 15 手合约。在这个例子中，虽然我们没有交易第 5 个交易信号，这种方法仍使我们的盈利增长至原先的 3.2 倍。本章稍后部分将对倒金字塔加仓法进行进一步解析。

12.2　一致性获利法的进、出场策略

最理想的初次入场信号就是带有夹角的看涨 / 看跌背离柱信号。假定此前市场处于下跌趋势中，典型的买入信号如下所示。

（1）所谓的看涨背离柱信号是指在盘中，价格较前一个价格柱创了新低，但收盘价被拉升至上半部分的价格柱（见图 12-1，点①处）。

（2）看涨背离柱代表的价格的下跌速度必须明显超过均衡线（尤其是蓝线）的下跌速度。换言之，价格下跌的陡峭程度必须超过均衡线的下跌程度。

（3）在看涨背离柱的高点高一个价位的位置设立止损买入单，准备入场做多。

（4）在入场后，保护性止损应被设定在看涨背离柱的最低点之下（见图 12-1，点①处）。

（5）如果市场随后继续行进了两根价格柱，但保护性止损没有被引发，同时市场出现了卖出分形，若是如此，交易者的止损点则正好是向下分形的反转点。一旦这个点位被突破，交易者只需给经纪人打电话说："双倍仓位卖出。"这时交易者新建立的空头仓位顺应了市场原先的下跌趋势，交易者在顺势交易（这个过程在图 12-1 中没有出现）。

（6）如果市场继续上涨，动量震荡指标出现绿柱，开始计算绿柱出现的数量。

（7）假设市场继续上涨，而且动量震荡指标出现第 3 根连续的绿柱，交易者可以开始加仓。进场位设定在第 3 根绿柱对应的价格柱的高点之上一个点的位置（见图 12-1，点③处）。

（8）在根据动量震荡指标进行加仓后，交易者开始留意第三次进场信号。就图 12-1 而言，市场继续上涨，但盘中价格两次出现下跌回调从而形成向上分形形态（见图 12-1，点④处）。这就是第三次入场或再次加仓的机会，将止损买入单挂在分形形态的高点之上一个点的位置（见图 12-1，点⑤处）。如果挂单被引发，将保护性止损放在最近 3～5 根价格柱的最低价之下（实际位置根据交易者的风险偏好自行决定）。我们发现这种交易策略同时适用于商品期货、股票和债券市场。

（9）继续观察入场或加仓信号，直到达到最大仓位（根据交易者的资金管理原则，而非满仓）为止。请注意，在图 12-1 的例子中，之后还出现了分形信号（点⑦和点⑧）。交易者仍可根据这些信号入场或加仓做多，直至最新的入场被止损或在止损后反手做空，本例中就是在最后一次入场（点⑨）被止损后反手做空的例子。

12.2.1　如果分形信号首先被引发，交易者应该如何处理

这个问题可以被扩展为，如果第一个入场信号不是看涨/看跌背离柱，交易者应该如何处理？如果分形买入信号首先出现，怎么办？如果分形买入信号出现在红色鳄鱼线之上，交易者可以入场，保护性止损应在此前的 3 ～ 5 根价格柱的低点之下，或设在此前的向下分形的低点。

交易者可以根据随后出现的同向交易信号对起始仓位进行加仓。一旦交易者入场，并认定市场非常有可能向预期方向运行，可以利用倒金字塔法进行加仓，我们稍后将对这种加仓方法进行详细解析。

12.2.2　如果动量震荡指标首先给出交易信号，应该如何处理

市场反转后首先出现第二位智者——动量震荡指标信号，交易者应该如何处理？如果出现这种情况，交易者可以入场，在动量震荡指标对应价格柱的最高点之上一个价位的位置设定止损买入单，保护性止损设在该价格柱最低点之下，这样可以限定潜在的亏损。随后，如果市场开始向预期方向运行，将保护性止损调整至最近 3 ～ 5 根价格柱最低点稍下方。

综上所述，对于多头仓位来说，有三种入场策略。

（1）市场最底部是带有明显夹角的看涨背离柱。这是最好的入场策略，可能的亏损额最小。

（2）如果在市场底部未出现看涨背离柱，稍后市场中出现了向上分形。这种情况下，分形形态被突破的位置（最高点之上一个点的位置）就是买入点，当然也是加仓位。

（3）如果动量震荡指标在看涨背离柱和向上分形之前先给出信号，交易者应在第 3 根绿色的动量震荡指标柱体所对应价格柱的最高点之上一个价位的位

置设定止损买入单，同时设定一个较小的保护性止损，也就是设在最近 3 ～ 5
根价格柱最低点之下。

12.3 卖出或做空

　　卖出或做空策略与买入或做多策略大抵相同。图 12-2 是苹果公司的股票
价格走势图，图中第一个信号是看跌背离柱信号（图 12-2 中左起第 4 根价格
柱，用圆圈标示）。这个背离柱的夹角很明显。再一次强调，明显的夹角是指
连接价格走势的直线比连接鳄鱼线（蓝线）的直线更为陡峭。在上升趋势中的
典型做空信号如图 12-2 所示。

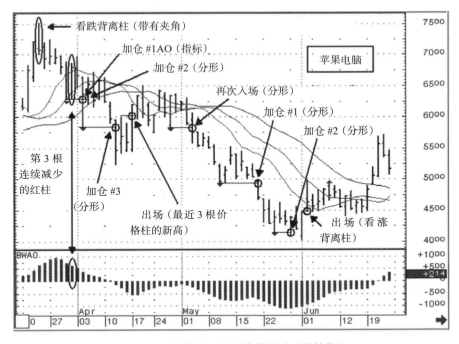

图 12-2　苹果公司股票走势图（下跌趋势）

（1）相对于此前的价格柱，盘中看跌背离柱的价格创了新高，但收盘价在

价格柱的下半部分（图 12-2 中左起第 4 根价格柱，用圆圈标示）。

（2）看跌背离柱上涨的速度必须高于鳄鱼线上涨的速度。

（3）在看跌背离柱低点之下一个（或几个）点挂止损卖出单。一般在下一根价格柱，卖单就会被引发。

（4）保护性止损应在看跌背离柱最高价之上一个点。

（5）如果市场继续出现两根价格柱，卖单并没有被止损，同时市场出现了向上分形，向上分形的反转点（多头仓位的入场点）正好是空头仓位的止损点。一旦这个点位被升破，交易者可以立刻将空单反手，入场做多，同时头寸规模变为原先的两倍。这时交易者在顺应市场原趋势进行交易。

（6）如果市场持续下跌，动量震荡指标出现红柱，开始计数（如果交易者希望进一步了解动量震荡指标，请参考我们过去出版的书籍，或进入我们的网站，也可以与我们的办公室联系）。将保护性止损调整至最近 3～5 根价格柱的最上方高一点的位置。

（7）假定市场继续下跌，而且动量震荡指标出现连续 3 根红柱，此时交易者可以加仓。进场位在第 3 根红柱对应的价格柱的最低价之下一个点的位置（请参考图 12-2 的标示）。一旦挂单（当然是空单）入场，交易者可以继续留意第三个入场信号。就图 12-2 的例子而言，市场出现短暂上升回调，因此出现的向下分形又提供了再次入场的机会。

（8）市场出现了向下分形，卖出点在分形形态最低点之下一个点的位置，这是第三个入场信号（图 12-2 中标示为加仓 #2（分形））。随后如果市场继续下跌，将保护性止损设立在最近 3～5 根价格柱的最上方高一点的位置。（请注意，有些交易者希望给市场更大的活动空间，因此使用最近 4 或 5 根价格柱的最高点。交易者可以在熟练运用之后，根据自己的喜好自行调整止损点的位置。）

（9）在加仓 #2（分形）这一位置加仓后，市场开始上升，最终使交易者止损出场，因为最近 3 根价格柱的高点被升破（见图 12-2）。

（10）在上述的仓位出场后，4 月 17 日开始的那个交易周中再次出现了向下分形。在 4 月 24 日开始的交易周中出现了一个价格更高的向下分形，这个分形形态的底部在 5 月 1 日被跌破，随后又陆续出现了 3 个向下分形。

（11）6 月 1 日开始的一个星期之内，交易者根据看涨背离柱信号将空头仓位出场，并建立多头仓位。由这时开始，交易者应开始利用三位智者的做多信号交易上升趋势。显而易见，苹果电脑公司的这一波跌势使按照三位智者信号进行交易的交易者获利颇丰。

12.3.1 具有相当盈利空间的非典型性卖出信号

正如此前交易者做多黄金的例子一样，在鳄鱼线红线（牙齿）之下的卖出信号都是有效信号，同时将保护性止损放在最近的 3 ～ 5 根价格柱的最高价之上或设定在分形形态的向上反转点。

如果动量震荡指标信号（第二位智者信号）先出现，交易者应采取与此前做多黄金时同样的入场策略，并根据其他卖出信号加仓。如果交易者的入场位不错，并坚信市场将继续下跌，就可以采用随后介绍的倒金字塔法进行加仓。

因此，做空有三种入场策略。

（1）市场顶部是带有明显夹角的看跌背离柱。这是最好的入场策略，可能的亏损额最小。

（2）如果在市场顶部未出现看跌背离柱，稍后市场中出现了向下分形。在这种情况下，分形形态被突破的位置（最高点之上一个点的位置）就是卖出点，当然也是加仓位。

（3）如果动量震荡指标在看跌背离柱和向下分形形态之前先给出信号，交易者应在第 3 根红色的动量震荡指标柱体所对应价格柱的最低点之下一个价位

的位置设定止损卖出单，同时设定一个较小的保护性止损，也就是设在最近
3 ～ 5 根价格柱最高点之上。

12.3.2　练习

图 12-3 ～图 12-6 供交易者自行练习。其目的是检验交易者是否掌握此前
讲述的进出场（和加仓）信号。请特别留意图 12-5 的标准普尔 500 指数的走势
图，其时间周期被特别设定为 10 分钟。这说明三位智者信号适用于任何市场
和任何时间周期。

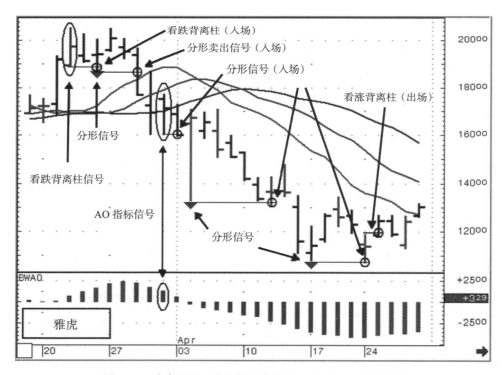

图 12-3　雅虎股票日线走势图中的买、卖入场和出场信号

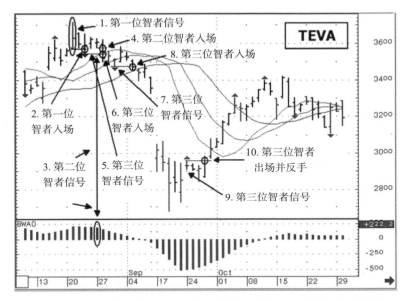

图 12-4　TEVA 制药公司股票日线走势图中的买、卖入场和出场信号

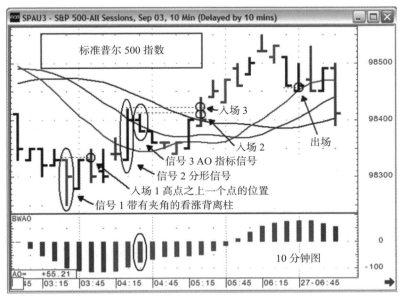

图 12-5　标准普尔 500 指数走势图中的买、卖入场和出场信号

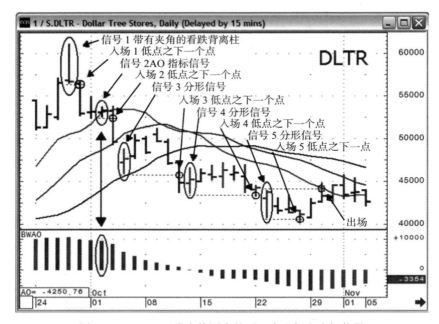

图 12-6　DLTR 日线走势图中的买、卖入场和出场信号

12.4　检查进度

　　下面交易者有机会自行检查自己对于三位智者信号和入、出场点的掌握程度。图 12-7 是好市多连锁（Costco）公司股票日线走势图。对于图中用圆圈标示的价格柱，交易者自行判断它们是信号还是入场点，然后判断它们是哪一类的信号或入场点（看涨/看跌背离柱、AO 指标信号、分形或是出场信号）。练习结束后，请对照后文的结果和详细解析。

　　结果如何？图左侧的第一个圆圈处（9 月 14 日）是看涨背离柱信号，在当根价格柱最高价之上挂止损买入单。下一个被小圆圈标示处（9 月 15 日）就是多头仓位的入场位。接下来在图中间的圆圈（9 月 23 日）是动量震荡指标信号，止损买入单仍被设定在当根价格柱最高价之上。下一日（9 月 24 日），买入单被引发，按照动量震荡指标信号的交易者已经入场或加仓。请注意，9 月 24 日的价格柱也是向上分形的最高价。在这根价格柱左右两侧，分别存在两根高点稍低的价格柱（详细来说，左边有 9 月 22 日和 23 日，右边是 9 月 27 日和 28 日）。因此，在 9 月 28 日收盘时，向上分形形态完成。9 月 29 日在 9 月 24 日的价格柱的高点设定买入止损单，这个买单直到 10 月 4 日才被引发（图中用圆圈标示），这也是分形信号的入场点。在 10 月 13 日多头仓位被止损出场，因为在此前的 5 根价格柱的最低点设定的保护性止损被引发。

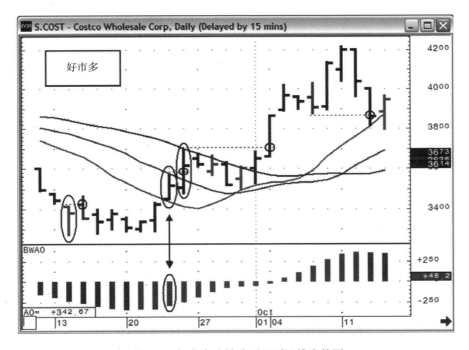

图 12-7 好市多连锁公司股票日线走势图

前面的交易过程的摘要整理如下所示：

（1）9 月 15 日建立多头仓位，入场价为 34.16 美元；

（2）9 月 24 日加仓，入场位为 35.75 美元；

（3）10月4日加仓，入场位为37.01美元；

（4）10月13日出场，出场位为38.74美元。

综上所述，这笔历时1个月的交易可以为交易者带来每股9.29美元的收益，同时每股的价格略低于37美元。

大家的练习结果如何？如果有任何不清楚的地方，请回头复习本章的讲解，直到你能轻易地识别相关信号或入场点为止。

12.5　资产配置

我应该交易或持有多少股票或期货合约呢？或许这是每个交易者最难以决定的问题。许多投资经理建议，初始头寸规模尽量要低，例如1手合约就是不错的选择。随后如果出现浮盈，利用浮盈加仓。由1手合约开始交易，在足够盈利后用浮盈加仓。可是我们并不完全认同这种方法，因为这样做就会造成平均成本上升，只要行情稍有波动，整个仓位很容易出现浮亏。我们推荐使用倒金字塔加仓法。

倒金字塔加仓法

初始仓位要小，因为最初入场的风险最大（因为是逆势交易）。我们希望通过小仓位试试"水温"。一旦初始仓位开始盈利，同时第二位智者信号出现，就可以稍微激进一些，开立较大的仓位，但随后每次加仓的规模都在陆续减少。

举例来说，在本章开始时讨论的做多黄金的那一笔交易中（参见图12-1），假定资产配置原则下的最大仓位为同时持有15手合约。具体的流程如下：初始仓位为1手合约；在第2个入场点，买入5手合约；第3个入场点，买入4手合约；第4个入场点，买入3手合约；第5个入场点，买入2手合约。股票交易的配置策略相同，假定总共可以持有 15 000 股，起始仓位 1000 股，第 2 次入场加仓 5000 股，第 3 次入场加仓 4000 股，第 4 次入场加仓 3000 股，第 5 次入场加仓 2000 股，共计 15 000 股。允许使用的全部资金配置完毕。通过这种资产配置原则，所持仓位的平均成本显著降低。我们只需要持续调整移动止损，让市场决定哪些仓位在哪个位置应当出场。

就图 12-1 的做多黄金的例子来说，通过倒金字塔加仓法可以使交易者获得相对于使用固定仓位方法大约 3.2 倍的利润。这种倒金字塔策略不但可以降低平均持仓成本，还可以最小化潜在的亏损。

在熟练掌握进出场技巧之后，交易者提高自己盈利的最好方法就是采用正确的资产配置方法。有些交易者希望创建一个交易系统，提高单手合约的胜率，最终获得更高的盈利。过去的二十几年来，我们公司一直秉持一个理念，相对于在单手合约中寻找万能的交易系统，使用正确的资产配置原则，可以使交易者在不增加资本的前提下获得至少为原先 1 倍的盈利。使用恰当的资产配置方法，通常在不改变进出场点的条件下，让我们的利润增长 1 倍以上。倒金字塔加仓法是最简单，也是最有效的提升盈利的方法。

12.6　出场策略

假定交易者已经基于买入信号入场，那么如何出场，以及如何最大化保护既有盈利或最小化损失呢？假定交易者持有多头仓位，最常见的出场策略是在价格跌破最近 3 ～ 5 根价格柱的低点时出场。如果市场出现了反向信号，交易者也可以出场。在大多数情况下，在市场出现反向卖出信号（交易者反手放空）之前，交易者的多头仓位都已经通过移动止损出场。正确的理念是，交易者应按照市场的行为调整操作，而阅读市场行为的唯一工具就是市场价格走势图。因此，我们认为，让任何一位分析师影响自己的交易行为是交易者所能犯的最大错误之一。轻信分析师的建议是许多交易者失败的根源。

部分出场还是一次性出场

假设交易者持有的多头仓位已经有浮盈，这时市场即将触及移动止损。交易者应出场一部分还是全部出场呢？这显然是一个管理学问题，涉及太多的因素，因此很难归纳出一个普遍适用的答案。一般来说，如果进场点很好，获利较多，通常交易者可以平掉一半的仓位，剩余部分设定保护性止损，给市场一定的空间。这种分布平仓策略有时会使盈利减少，有时也会命中"全垒打"。总之，究竟是一次性出场还是分步平仓这是心理层面的问题，应由交易者自行决定。如果你会懊悔自己没有一次性出场，那就不要采用分布平仓。关于这个问题，没有标准答案，很多有经验的交易者在出场时还是依赖于自己的"盘感"。

· 结 语 ·

本章中我们讲述了如何根据交易信号进行交易（进出场和加仓）。在第13章中我们再次从交易心理层面进一步探讨相关问题，如此不仅可以提升交易绩效，还能够让交易者学会享受交易过程。交易绩效提升之后，交易的乐趣也会自然地蔓延至生活的其他方面。这个过程并不复杂，就像每天看着镜子问自己："我是谁？"

然而，这个过程比交易者想象的更简单，同时更有效。

如何摆脱困境

此时此刻，什么是你还欠缺的。

——禅学大师　白隐慧鹤（1685—1768）

13.1 每个人都会遇到的困境

无论经验多么丰富，操作技巧多么高明，每个交易者偶尔都会陷入困境。碰到这种情况，交易者通常会觉得沮丧，怀疑自己为什么不能做得更好。在这一章，我们准备就这个问题进行解析，为交易者讲解我们所找到的走出低谷的最好办法。

13.2 影子交易者

每位投资者或交易者都迫切需要心理支持。不幸的是，这方面的支持很不容易找到。我们有一位学员，他是全职交易者，而且从事交易已经超过 20 年。一天他来到我们的办公室，主要就是想解决心理支持方面的问题。他的太太是一位金领，收入颇丰，工作时间为早上 8:00 到下午 4:00，每星期工作 5 天。这位学员每天都在家中交易，交易时间几乎从不外出。我们请他更详细地说明他的情况，他告诉我们说："我整天都在交易，我太太在下午 4:30 前后回家。回家的第一件事，她总是问我：'你今天亏掉我们多少钱？'"

他期待我们提供建议。我们很老实地告诉他，如果他希望继续从事交易，那只有三种选择：杀了她；离婚；另一个比较合理的做法是，把她送到我们这里学习。这位交易者很不幸，他在令人沮丧的氛围下进行交易。

在交易过程中得到最为珍视的人的支持非常重要。可是最重要的是，得到自己内心支持。

13.2.1 保护内在交易者

请记住，你内心中的内在交易者（trader within）还是一个小孩。学习如何从事交易，就如同婴儿学习走路一样。开始是用爬的，然后摇摇晃晃地走，而且会经常跌倒。

不要在仅仅进行过几笔交易后就对自己妄加批判，也不要在开始学习交易时就按照成功交易者的标准评估自己。初学者有时就像受虐狂。被虐待倾向是一种天性，"自责"也是其形式之一。这种习惯就像一根大木棍，初学交易者经常把自己打回阴影里。初学阶段，我们期待的是进步，不是完美。

学习交易就像练习马拉松一样。每一个哪怕只有一点点的进步都需要不断地、枯燥的练习。缓慢的进步常常令人沮丧。我们想要变得很好，而且最好是直接达到最好，但现实世界中并非如此。我们时常会显得狼狈，不论自己或别人看起来，我们的表现都很难令人满意。可是我们不该苛求自己。如果你想要进步又不愿意经历磨难，真实世界中没有这样的好事。

请记住，如果你想成为杰出的交易者，必须先愿意当一位拙劣的交易者。允许自己犯一些错误，让自己经历失败。之后你才有机会成为优秀的交易者，经过一阵磨炼，甚至可能成为最杰出的交易者。

13.2.2　内在敌人：负面的核心观念

我们蜗居在生活的某个领域，通常都是因为我们觉得如此比较安全。也许我们觉得这样并不快乐，但至少我们认清了自己——我们不快乐。对于成功的恐惧，大多源于对未知的恐惧。

多数交易者都有一些负面观念，以下列举一些常见而很少被意识或谈论到的例子。

我之所以不能成功，是因为

- 人们都恨我。
- 这会伤害自己的家人与朋友。
- 我会发疯。
- 我会失去家人与朋友。

- 我没有足够好的点子。

- 我不了解相关经济知识。

- 我的看法与电视上看到的金融市场并不相容。

- 我会成为家人与朋友的笑柄。

- 我永远无法稳定赚取足以生活的收入。

- 我绝对不可能真正"有钱"。

- 我觉得不舒服，因为我没有成功的道理。

- 一切都太迟了（我应该更早研究市场）。

任何这类的负面观念都不是真实的。它们来自我们的父母、宗教、文化与朋友。负面观念正是名副其实的观念，不是事实。即便每个人都相信地球是平的，地球也并不会变成平的。你不会因为误以为自己是笨蛋、疯子或自大狂，结果就真的变成笨蛋、疯子或自大狂。

13.2.3　关键是你觉得害怕

负面的核心观念让你觉得害怕。让我们看看一些值得交易者尝试的技巧。也许一些投资者可能认为这些技巧过于做作或根本无效。再强调一次，这些技巧是一种对抗我们负面观念的工具。如果内在负面观念是我们的敌人，那么这些技巧就是能有效对抗这些负面信念的武器。试试看，不要对这些技巧产生排斥的情绪。

13.2.4　内在盟友：正面武器

随便挑选一个正面信念。举例来说，"我（你的名字）是最顶尖、最精明的交易者"。在纸上连续写 10 遍。在忙着书写的过程中，开始发生一些有趣的现象。你的内在审查机制（你的观念）开始提出抗议，"请等一下。我有这么好吗？这根本不是真的"。拒绝就像烤焦的吐司由烤面包机里跳出来。我们称此为"蹦出的轻蔑"。

让我们看看这些负面情绪，进一步审视这些愚蠢的、丑陋的轻蔑。"最顶尖、最英明……好像真的一样……从什么时候开始的？你只是自我欺骗罢了……白痴……自大狂……你要骗谁？你以为你是什么东西？"这些都是不自觉蹦出来的轻蔑。

这些轻蔑都是从什么地方来的？母亲？父亲？老师？教会？至少有些这类的情绪会立刻在你的脑海中出现。试着运用一些正面信念（请参考下文）来取代这些负面轻蔑。

建设性的正面信念

- 我的任何努力，都会得到积极的结果。
- 天道酬勤，我努力了，所以我的目标必然得以实现。
- 只要有积极的心态，同时认真学习，我一定能取得交易成功。
- 我的创造力可以医疗损失与自我。
- 我可以培养我的内在交易者。
- 超意识永远会带领我找到真理与真爱。
- 超意识带领我宽恕别人，也宽恕自己。
- 只要倾听，就会得到指引。
- 我愿意在市场上获胜。
- 我愿意学习，让自己交易获利。
- 我愿意通过交易展现自己的价值。
- 我愿意体验自己的创造能力。
- 我愿意运用自己的创造才能。

现在，仔细检视你自己遇到的"轻蔑"，这对交易获利很重要，每个负面观念都会给你造成束缚，每个负面观念都必须被瓦解。好好运用你的正面信念。前述理念与方法是引用朱莉娅·卡梅伦（Julia Cameron）在 *The Artist's Way* 中所提到的内容，也是让交易者能够聆听到市场脉动的一种方法。

这种程序不是一种解决问题的技巧，而是与市场或世界混合、融合、结合为一体的方法。这是一种类似"道法自然"的处理交易与其他事物的方法。交易不是"绝缘"的事物。你处在金融市场中，也是市场的一部分。

13.3 如何运用早间记录创造获利

如同前文中卡梅伦提议的，我们为交易者推荐一套非常严格的方法。无论你现在是否相信这个方法的效果，你都应该认真执行。这是一个历时六个星期的方法，对各位的交易和生活将产生重大影响。这个方法非常重要，这些早间记录是**绝对必要的**。首先，让我们说明其重要性。过去二十多年来，我们训练过很多交易者，他们大多能够显著改善交易绩效，但也有少数失败的案例。我们认真寻找这些案例失败的原因。毫无例外地，这些失败的人都**没有**做这方面练习。这是否意味着各位只要做这些早间记录，就必定可以成功呢？关于这点，我们不敢保证，但有一点我们可以确定，那些最成功的交易者都做早间记录。各位目前面临的挑战，就是花六个星期的时间试试看，然后养成终身的习惯。程序流程如下。

早晨起床之后，立即坐下，开始书写早间记录。早间记录是纯粹由自我意识抒发而形成的三页文字。完成三页之前，不要停顿。这一点很重要，如果你做不到这一点，那么我建议各位不如现在就停止。没有人强迫你这么做，你有权利选择自己的生活与交易方式。这是你自己的生活，所以也应该由你自己选择。我真心希望各位愿意参加这项计划，否则你永远不知道如何激发自己的潜能、如何享受交易获利的愉悦。

这项练习每天早晨大约要花 30 分钟到 1 个小时的时间，再加上每星期额外的 2 ~ 3 个小时。所以，整个星期大约要花 5 ~ 7 个小时。这个计划进行两星期之后，如果你不觉得有任何改善，各位可以放弃，也许这种方法现在还不适合你。

13.4 创造而不是解决问题

当你解决某个问题，所得到的就是一个解答。我们感兴趣的是更高层次的东西，我们想要**创造**自己想要的。就金融交易来说，我们想要创造的就是获利。关于创造力，有如下一些基本原理需要注意。

- 创造是生命的自然秩序。生命是一种纯粹创造思绪的能量。
- 任何生命形式（包括市场与我们本身在内）都有根本的创造力。
- 当我们开启这项创造力，等于是踏进一个前所未有的领域，可以获得过去所不敢梦想的利润。
- 我们本身都是创造的产品。如果我们继续这方面的创造，等于是创造自己。
- 拒绝创造是顽固，是违反我们天性的意愿。
- 一旦我们敞开心扉学习，我们的生活就会出现一些细微而显著的变化。
- 更高层级的创造力会给我们带来平和。
- 我们创造美梦与欲望，是源自本身内部的需要。当我们慢慢实践这些美梦，就会越来越接近真正的自己。

能够期待什么

多数交易者／投资者都希望自己能够更成功。你可能认识一些成功的交易者，他们的智商水平、教育背景或专注程度都比不上你，可是他们为什么能够成功呢？在我们讲述的方法中你可以找到这个问题的答案。

根据我们的观察，采用这个方法的最初几个星期，会产生一种晕眩效应。这种晕眩往往会让交易者想要放弃整个方法，想要回到过去的生活方式。这是一个需要自行调整的过程，也就是所谓的适应期。如果你能够坚持下去，你就会感觉自我焕然一新。在这个过程的最后，你会变得更加自律，能够应对压力，有着明确的目标，并且充满激情，甚至交易获利能力与整个生活品质，都会出现重大变化。所以，让我们来看看下一个步骤：基本工具。

13.5 基本工具：早间记录或个人的早报

早间记录是什么东西呢？这纯粹是由自我意识抒发而形成的三页记录："喔！老天，又是一天的开始。实在没有什么可写的。我必须洗车，还要给波比打电话。不要忘记中午以前要到邮局一趟……"你只需想到哪就写到哪，没有什么硬性的要求。我们也可以称此为"让大脑飞一会儿"。

怎么写早间记录都可以，没有什么固定格式。书写只是一种工具而已。换言之，记录脑中闪过的一些念头，让你的意识尽情抒发。没有什么东西是太美好、太愚蠢或太古怪而不能列入的。

这些记录不需要有什么特殊意义，虽然通常都会有特殊意义。最初 8 个星期内，甚至不要读相关记录。换言之，早晨一起床，立即开始书写（或许可以先上厕所）每天都做三页记录。所有这些愤怒、抱怨、牢骚或所记录的其他芝麻绿豆小事，这些都是你与你在市场获利之间的障碍或阻挠。交易绩效、要洗的脏衣服、堵车、爱人眼中的古怪眼神……这些思绪会透过潜意识而整天干扰我们。尽早把这些东西都写下来。

早间记录是创造交易获利的最根本工具。我们都是自身内在追求完美的牺牲者，某些来自左脑的恶意批评或苛责，经常伪装成真理。这些恶意批评的典型例子："你说这些鬼画符叫作记录？不要开玩笑。你为什么要把时间浪费在这里呢？还不如多睡 30 分钟。这些东西根本不可能对交易有帮助，搞不好还会适得其反呢！"

请务必记住这个法则：内在的负面批评绝对不代表真理。早晨起床之后，立即开始撰写早间记录，如此可以避免内心中审核程序的干扰。由于这份报告没有固定格式，你可以随心所欲写下任何东西，所以内心中的批评者没什么文章可作。听任内部批评在你耳边唠唠叨叨（必定会如此），你只需要继续写记录。

把你的内在批评视为动画中的蟒蛇，它窥视着你的获利，吐出蛇信想要让你分心。如果你不喜欢蟒蛇的比喻，不妨把它视为大白鲨。总之，它是一种充满恶意的精灵，随时想要干扰你，想要影响你的交易获利能力。

早间记录必须真实，你不需要有所讳言，也不需要省略或隐瞒。你的语气也并不重要。你内在的批评声也不重要。早间记录会告诉你，你的情绪并没有你想象的那么重要；还会告诉你，不要做判断，专心记录即可。这些想法很快就会变成：你不需要担心，专心交易即可。

你的内在交易者需要得到滋养。早间记录能够滋养这位使你获利的交易者。所以务必要做早间记录。这三张纸只是记录脑海闪过的念头，仅此而已。如果你找不到有什么东西可以记录，那就写下："我找不到有什么东西可以写。"总之，写些东西填满三页纸。当有人问："这些年来，你为什么不断写早间记录呢？"我开玩笑地说："为了到达彼岸。"事实上，这可以让内心中那个更精明的自我浮现，而把那个批评者放到脑后。早间记录让大脑的逻辑部分（批评者）放到一旁，借以发挥大脑其他部分的功能。

早间记录可以协助你在摆脱心中那位负面批评者的纠缠。这位批评者永远讲究理性。理性在金融市场只能带来亏损。因此，你很少看到能够在金融市场赚钱的学者（尤其是经济学家）。

早间记录类似于冥想，我们能够通过这种方式衔接我们的内在力量，据此能够改变外在世界。只要坚持这种方法一段时间，绝对会让我们清楚地认识到我们自身的内在力量。这种记录是对于自我的明确感知。

早间记录可以反映内在自我。没有通过这个通道，我们的梦想永远保持在不可触及的领域。每天或每个月不断抱怨而不采取任何积极的行动，这不是我们所希望的。这个记录会引导我们走出绝望，找到最有效的解决办法。任何人只要按规矩撰写早间记录，内在智慧必定会慢慢浮现。

撰写记录是一种冥想方法。运用这种方法的律师发誓说这种方法改善了他在法庭上的表现。舞蹈者表示使用这种方法可以增进平衡——不只是心理的平衡而已。金融交易者表示，使用这种方法可以增进获利能力，提升交易本身的乐趣。热衷于早间记录某种意义上是成功的先兆。

怀疑论者会说"这有什么用？""这有什么用"这种说法代表害怕改变，害怕改变说明这些人已经陷入了深层的绝望。接下来，让我们继续讨论培养成功交易者／投资者的第二部分工作。

13.6　定期审视自己的心灵

也许有些人会认为让交易者转败为胜的第二项工具完全没有必要，是在浪费时间。其实并不然，这套改变自己的方法由两个部分、两个方向组成：向外和向内。向外是每天撰写早间记录。你是向外抒发不满，表达愿望，告知自己或整个世界有关你的计划与梦想。定期审视自己的心灵或者说与自己的内心定期约会，则是向内，让自己得以接受启示与指引，领悟智慧。

定期审视自己的心灵是指用一小段时间进行思考，每个星期大概两小时，这段时间将专门用来培养内心中的创造性。如果你脑中立刻出现自己不可能有时间（做这个无聊的练习）这个念头，这代表着一种抗拒。你的内在小孩（创造性）需要你带他出去，宠爱他，听他诉说。内在交易者是一个小孩。父母（你）需要花时间与小孩在一起，心灵安慰的重要性远超过物质上的金钱。

不妨设想一下父母离异的小孩，只有周末才能见到父亲（或母亲）。小孩想要的是关怀，不是奢侈的餐点或其他昂贵的花费。花一点时间与小孩单独在一起，这是培养感情的必要条件。散步，在海边看日出或日落，听听教会音乐，甚至打保龄球也可以。

每星期认真与内心中的小孩（内在交易者）约会一次，然后看看哪些东西会干扰你。留意约会的进展，注意有哪些东西在影响你。你应认识到出现抗拒或干扰因素说明了你心中潜在的恐惧。

早间记录让我们了解自己的想法与需要。我们可以借此判断问题发生在什么地方，其性质如何。我们抱怨、诉说、辨认、懊恼或后悔。早间记录代表第一步骤，就像祈祷一样。在定期审视自己心灵的过程中，我们开始听到解决问题的办法，这是第二步骤。或许同样重要的，我们也开始积累创造性资源，为成为成功交易者 / 投资者打下基石。

遵循本书提供的方法，绝对会改变各位的交易生涯。可是，绝大多数交易者都会想方设法让自己成为并一直保持为失败者。这是一种认知上的失调。换言之，这是源自一种莫名的怀疑情绪。归根结底，这种怀疑是："没错，这个星期确实是赚钱。那又如何呢？只不过是巧合罢了。我越是想要找到某种技巧提升的证据，越是发现这一切只不过是幸运罢了。我实在不相信自己被（内心中的内在交易者）引导，这未免太古怪了……"

我们之所以不相信看不见的援手，是因为我们不认为自己可以是赢家。若怀着这种心态，我们不只是没有机会成为伯乐，甚至还会用力抽打千里马的屁股，让它快速奔驰离开我们的视线。

我经常把心智比喻成一个房间。我们把一些常见的与生活和交易相关的想法关在房间里，并做分类：什么是可能的，什么是不可能的。这个房间有一扇门，门永远都是半开着的，我们可以看到门外耀眼的光线。这些耀眼光线代表一些距离我们非常遥远或不可能的想法。因此我们就让它们继续留在那里。房间里只保留我们觉得舒适的观念。其余的观念都留在门外，而且永远保持在门外。

让我做早间记录还要每周约会？不要开玩笑！（砰的一声！门被关上了。）

内在工作可以提升交易绩效？（砰！）

某些在内部不断干扰我的东西，真的可以帮助我交易？（砰！）

支持我交易的是（内在创造性心灵和外在行为）同步性的偶然巧合吗？（砰！砰！砰！）

摆脱怀疑心态，即使是暂时的，也可以让你进行很多有趣的探索。转败为胜并不需要你改变你的信念，但需要去对这些信念进行深入的探索。请注意，成功需要开放的心态。就我们稍早提出的房间比喻来说，不妨把门推开一点，如此可以让心胸更开放。希望本章提出的两个练习，可以协助各位推开房间的门，获得更多的利润，也让生命更为多姿多彩。

· 结　语 ·

任何交易者/投资者偶尔都会陷入低谷。碰到这种情况，我们需要设计一套帮助我们走出困境的策略。有时我们需要别人帮助，但最重要的还是要靠自己。本章探讨如何保护心中那位内在的交易者。我们的最大敌人，是我们对于金融交易和对自身所具有的负面观念。恐惧让我们不敢做决定，尤其是财务方面的决策。我们列举一些有效的工具，正确地使用这一工具足以显著改善交易者的交易绩效。

我们还针对创造力与解决问题之间的重要差异进行了讨论。撰写早间记录是改善交易或投资方面创造能力的最好办法。除了撰写早间记录之外，我们强力推荐各位每个星期至少与自己的内心约会一次。遵循这些指示，可以让交易者拥有正确的心态，从而成为在任何市场中都能持续稳定盈利的市场赢家。

尾　声

托马斯·杰斐逊说我们都有追求"生命、自由与快乐"的权力，这造成不小的争议。生命与自由的部分，应该非常明显，不至于产生异议，但有关快乐的部分，恐怕就有一些困扰了。如果认定快乐是某种外在而可供追求的东西，方向就错了。快乐并不是一种可供追求的东西，甚至不是一种存在于外部的东西。快乐是内在的，因人而异。如同交易一样，快乐很单纯。

首先，我们决定要快乐。当我们觉得快乐时，快乐就开始了，不论外在环境如何。简单地说，想要快乐的决定，会跟整个世界的其他事物进行沟通，尤其包括市场在内。当我们做出这个决定时，其本身就会与整个世界和已经快乐的其他东西（人、事物、市场和周围的环境）进行沟通，然后反馈回来。

当我们迈向 21 世纪时，市场成为自由与民主的最后堡垒。这里是最理想的寻找自我与测试自身能力的场所，也是人类教育的最高学府。除非超意识的最深层心智首先决定要快乐，否则人和纳米科技、各种新奇的发明、新的药物或新交易系统都不可能令你快乐。可是，当你决定要快乐时，就会出现跳跃性地发展。

我们正处于飞跃发展的时代。我们希望用最少的付出在最短时间内获得最大程度的收益。在我能够想象的范围内，金融市场是唯一不需要增加付出就能够取得更高收益的场所。如果你是一位成功的交易者，只要增加交易的合约数，你就可以扩大盈利。如果不考虑资金问题，买入 1000 手合约与买入 10 手合约相比，两者没有什么差异，前者并没有付出更多。我们都希望在交易中突破，即我们的盈利也能获得"跳跃性"的增长。"飞跃性发展"或"交易突破"听起来也有点陈词滥调，但绝对是最准确的描述。

本书描述的方法，就是一种跳跃性的发展。一致性获利法可以帮助交易者实现三个目标。

（1）为交易者／投资者的交易生活保驾护航，排除任何足以造成干扰或影响交易获利的因素。

（2）让交易者或投资者能够专注于内在变化，能够精确掌握市场的动向，使交易者／投资者不再被报纸、收音机或电视资讯所误导。

（3）显著提升交易者的交易绩效，让交易者能腾出更大的空间或时间用于家庭、健身、旅行与其他，使得交易者／投资者的生命更有意义。

我们希望本书能做到以下三点：

（1）有教育意义，值得学习；

（2）生动有趣，不枯燥；

（3）促进思考，有独到之处。

希望各位亲爱的读者在阅读后能认同我们的理念并认为本书对你的交易有所帮助。

交易者愿意花费珍贵的时间阅读本书，我们在此表达最真诚的谢意。感谢各位愿意倾听我们的交易经验。本书的"附录 A"提供两份核查表，确保各位能够精确地遵循相关交易法则。"附录 B"将列举交易者运用这套方法时最经常提出的疑问。总之，如果阅读本书内容之后，各位仍然发现不能如愿达成简单、快乐与获利的目标，请尽快与我们联络，我们很愿意提供更多的服务。

交易者 / 投资者核查表

每个意图与愿望与生俱来都存在自实现的机制……纯潜能场（市场）内的意图与愿望具备无限的自形成力量。每当我们在纯潜能场的肥沃土地上引进一种意图，我们就发挥了无限的自形成力量。

——狄巴克·乔布拉（Deepak Chopra）

我们在本篇附录内为交易者提供一些表格，这是我们和其他人用来确保交易符合既定法则的方法。此外，也借这个机会与大家分享一些有用的概念。

金融交易最有趣的现象之一，就是每天都代表崭新的开始。不妨将此想象为在玩电子游戏。市场不记得昨天如何与你"游戏"，甚至不记得上笔交易的状况，因为每场游戏都必须根据当时的市场行为进行。如果我们打算把上一场游戏的策略运用到目前这场游戏中，结果几乎一定会输。市场不记得你昨天是赢还是输，甚至根本不在意。市场只是做它所该做的，发挥应有的功能。电子游戏有数百万、数千万种，因此任何两场游戏都几乎不可能完全相同。游戏过程不断变化，所以挑战永远存在。金融市场的情况也是如此。假设某人真的能够找到所谓的圣杯或必胜之道，市场就不能继续存在，游戏也该结束了。这有什么好玩呢？

每天当我们开始进行一场新"游戏"时，我们该怎么应对呢？我们应当观察市场的动向，根据市场的行为决定自己的操作策略，而不是去预测市场将发生什么。金融交易是最赤裸裸的心理治疗，所以我们必须准备好所有的工具，追求胜利之余也能乐在其中。

交易者必须深入研究，找到一套适合自己的方法，而且要彻底了解这套方法，绝对不允许有任何疑问。交易代表你的未来，所以交易者必须准备周全、妥当。

在准备开始交易之前，有一些要点必须要注意。数据来源很重要。你必须找到一家很可靠的数据提供商，务必确保数据正确。这方面的供应商很多，务必根据自己的需要深入研究，寻找最适当的资料来源。相对于即时报价资讯，收盘后资料的价格便宜很多。

在实盘交易之前，我们建议各位先做一段模拟交易。如果你不能在模拟交易时赚钱，就不要期待实际交易能够赚钱。某些重大的失误，宁可发生在模拟交易阶段，也不要出现在实际交易中。各位不妨采用类似如 Auditrack 的模拟交易账户，直到你对交易信号和交易流程完全熟悉为止。对于有经验的交易者来说，这倒不是必要的步骤。如果你需要进一步帮助，请与我们办公室联系。

你必须开一个交易账户。我们曾经遇到一位客户，他抱着 10 000 美元现金来上课，准备进行交易，完全不了解实际程序。你可以选择各种类型的经纪人，有些提供全套服务，有些属于折扣经纪商，甚至还有线上经纪商。对于初学者来说，可以考虑寻找一位提供全套服务的经纪人，有他协助你安排交易，不至于出现操作流程上的错误。如果你的经验很丰富，只需要一位经纪人执行你的指令就可以了。总之，根据实际需要挑选经纪人。

交易商务必了解不同经纪商提供的不同服务。有些经纪商提供免费资料给所有的开户人，甚至有些还给账户内的资金支付利息。你必须找到一家信誉良好的经纪商，取得你所需要的服务。查阅这方面的资料，听听特定经纪商的风评。如果挑选线上经纪商，务必要安排其他联络方式（电话），以防范无法上网的意外状况。对于从事盘中交易的短线玩家来说，这点尤其重要。一般来说，佣金费率取决于账户规模与每个月交易金额，费率是可以商议的。务必记住，经纪人是替你工作，他不应该影响你的交易或决策。下单时，务必要熟悉相关的市场术语。你是否了解什么是限价止损单（stop limit order），什么是有限制的订单（contingency order）。如果不清楚，请先弄清楚！你的经纪人可以告诉你这方面的资讯。

有一天，你会说"卖出"而不是"买入"。这是单纯的错误，这与不了解交易指令意义的情况不同。如果你从事商品交易，你还需要知道一些额外的常识，例如合约到期月份。股票市场没有所谓到期合约。商品交易有各种不同月份的合约。可供交易的合约，会不断过期、变更，你需要知道如何把即将到期的合约，延展为下一个月份的合约。你绝对不希望打开家门看到 5000 磅⊖猪腩。

⊖　1 磅 =0.453 592 4 千克。

交易者务必了解保证金规定。保证金代表买卖每手合约所必须存入账户的资金。在进行交易之前，必须保证账户内有超过保证金数额的资金。不同商品的每次价格跳动（也就是最小波动单位）和每个波动点的点值并不相同。每种商品的每次波动造成的保证金变动也不同。举例来说，瑞士法郎每次波动为1点，1点的合约价值为12.50美元。黄豆的一档跳动为0.25美元，每个波动点代表的合约价值为12.50美元或50美元。你必须了解所有这些细节，如果你不知道如何阅读相关仪表，就不应该驾驶飞机。如果不具备相应的知识，千万不要拿自己的钞票到市场上开玩笑。

很多交易者的起始资本很有限，所以千万不要过度交易，或抱着不切实际的想法。账户规模越小，就需要越长时间累积盈利，但只要绩效稳定，仍然可以积少成多。最初阶段，通常账户净值都会先减少，然后才慢慢成长。最初表现不佳，这是正常现象，甚至有利于后续发展。我们发现那些纯属幸运而一开始就赚大钱的人，最后大多是以失败收场。他们误以为自己可以主导市场行为，实际上只是幸运而已。总之，各位的交易方式必须考量自己的账户规模、交易风格与拥有的经验。

举例来说，我们的某些学员当初只想从事标准普尔500指数的交易，虽然他们过去完全没有相关的交易经验。这种想法显然不切实际。任何初学者都不免犯错。如果要犯错，最好发生在行情较稳定的市场，此处比较适合交易者磨炼技巧。等到交易技巧成熟之后，才能真正面对行情波动剧烈的市场。譬如，如果你想要学习驾驶，绝对不应该直接上高速公路，而应该挑选往来车辆稀少的场所先进行练习，等到技术相当成熟之后，才可以真正上路。学习交易的情况也是如此。

一旦熟悉相关细节之后，交易就变得很自然，甚至是"自动化"。各位是否还记得当初学开车的情况：每个动作都很别扭，不是吗？脚踩刹车，然后把挡杆推入倒挡，看着后视镜判断距离——这些动作当时看起来都很困难。可是现在呢？这些都是很自然的条件反射，甚至还可以同时讲手机、聊天或与孩子说话。我们已经不会思考开车的分解动作，而只是做一些理所当然的动作。交易也是如此，一旦熟练之后，只是做一些理所当然的动作。

当一切技术性细节（如开户、经纪人、交易策略）都安排妥当之后，务必确保交易系统的最重要环节也要准备妥当：**你自己！**

以下是一份核查表，每笔交易进行之前，都应该仔细核对。

每日交易图表核查清单

- 艾略特波浪：推动浪_____，修正浪_____
- 整体趋势——趋势是你的朋友：上升_____下降_____
- 鳄鱼：张口_____闭嘴_____入眠_____
- 动量震荡指标：零线之上_____零线之下_____
- 动量震荡指标移动方向：上升_____下降_____横向_____
- 动量震荡指标方向是否与希望入场方向相同？_____
- 看涨背离柱入场：$_____；看跌背离柱入场：$_____
- 动量震荡指标入场信号：买入 $_____卖出 $_____
- 分形入场信号：买入 $_____卖出 $_____
- 交易初始风险：$_____
- 规定保证金：$_____或每股价格 $_____
- 止损点：绿色均衡线_____红色均衡线_____追踪止损_____终极止损_____
- 每股或每手合约风险：$_____
- 除了技术信号之外，是否还有其他入场理由？
- 正面理由：_____

- 负面理由：_____

盘后核查表

- 我今天的状况如何？ _____
- 是否完成早间记录？ _____完成之前，不要观察当天行情。
- 我今天进行交易的原因？ _____
- 我希望今天的行情如何？ _____
- 市场有没有欠我什么？ _____
- 我是为了上一次损失还是下一笔获利进行交易？

- _____

- 我的交易动机是否正确？如果不是，那是为什么？

- _____

- 我是否根据当下的市场进行交易？如果不是，那是怎么回事。

- _____

- 我是希望得到市场所希望的，还是希望得到自己希望的？

- _____

- 我在乎市场的方向吗？ _____
- 我根据市场调节自己吗？ _____
- 谁在主导着我，自我意识还是直觉？ _____
- 今天的市场看起来像什么动物？ _____
- 我能从这笔交易或经历中学到什么？ _____
- 我应该如何改善自己的交易／投资？ _____

常 见 问 题

幸甚见君，乐而忘语。

——禅学大师　白隐慧鹤（1685—1768）

这篇附录包含一些交易者经常问的问题及其答案。我们认为对所有的交易者来说，这些问题都会大有裨益。

问：我以前从未有过交易经验，可以使用这种方法吗？

答：当然可以。在过去的15年里，我们已经培训了超过2000位交易者，他们每个人现在都成了成功的交易者。有时候从零开始最好，那样你就不会对市场有一些预定的想法或需要刻意忘却一些东西。

问：我已经看过你们所有的书——非常棒的材料。我能做些什么来了解更多有关你的交易方法呢？

答：如果你喜欢我们的书，而且想要学习我们交易背后的全部方法，那么你可以报名参加我们的入门学习课程，该课程包含手册、视频、音频、互动光盘和我们集成了各种资料的软件。我们的办公室里还提供了一个为期两天的私教课程，它会让你有一个强化的、**亲身体验**的交易经历。

问：我需要做什么才能开始交易？

答：你需要一个账户，一个经纪商，一种交易策略、软件、数据来源，一部电话和一台电脑！这是你做交易所需要的全部东西。这是有关交易最重要的事情之一，你可以在你的酒店房间度假时进行交易。

问：如果我在参加完入门学习课程之后还有问题的话，我还能获得帮助吗？你们对此收费吗？或者是否有时间限制呢？

答：绝对不会，对于交易方面或者是一些技术上的帮助，是没有时间限制的，也不会收费。我们相信，我们的交易者做得成功的其中一个原因，就是他们能够问很多关于交易的问题并及时得到反馈。我们从十多年前就一直在解答那些学习我们课程的客户的问题。我们都知道市场在不断变化，并且当市场走势变化时，我们就需要调整我们的策略，所以和我们一直保持联系是跟上我们最新工作的最好的方法。

问：我需要一个经纪商吗？或者我需要通过你们去交易吗？如果我需要一个经纪商，你们能推荐一个吗？

答：我们不会替你进行交易，所以你需要一位信誉良好的经纪商帮你开立一个账户。有那么多的选择，可能会使你很困惑。我们很高兴向你推荐我们的经纪商，来帮你进行商品交易。如果你正在进行股票交易，那么在网上有很多经纪商可供选择。你要确保你的开户公司有一个可以随时联系的电话，这会在网络连接不上时给你提供另一种交易途径。我们已经用了同一个经纪商交易 15 年了，比尔是他们的第一个客户！

问：我需要多少钱才能开始交易？有最小账户规模的要求吗？

答：我们建议开立商品期货交易的账户至少有 10 000 美元，股票交易账户要 25 000 美元。一定要谨记，相对于股票交易，商品期货有大约 50:1 的杠杆比率。账户规模越小，你的资金积累过程就越长。

问：你的方法里包括风险管理吗？它能因人而异还是每一个账户规模都有一套标准流程呢？

答：在我们的课程中，我们的确包含了风险管理，但由于每个客户的交易背景不同，例如账户大小、交易经验和风险承受能力等，我们偏好与每个客户进行一对一的探讨。你正在交易的市场类型、你的信念系统和你需要的会让你觉得能成功并且舒适的交易的风险 – 回报比，这些决定了你所需要的风险管理。每个交易者都是不同的，我们会把不同的预期、恐惧／贪婪的过程以及经验与大家分享，所以这些因素有助于我们明白怎样指导你学习。随着你的交易经验的累积，你就会慢慢知道什么时候应交易 10 手合约而不是 2 手，你会知道在多个市场上持有多于一个或两个头寸是合适的，或者，在持有能持续带来小额盈利的两手合约时，你也能安然处之。

问：我有一份全职工作，我能在业余时间使用这种能获利的方法成功地进行交易吗？

答：可以。我们中的许多交易者都有全职工作并交易得很好。利用我们的方法只需花你 30 ～ 45 分钟的时间去评估所有的市场，而且如果你真的可以专注于市场而不是你对市场的观点，那么市场交易可能只需花你 10 ～ 15 分钟。我们的观点往往是我们最大的敌人！我们的目标是，一旦我们的交易者已经熟悉了我们的方法并且成功，他们就有能力和技术来选择是否全职交易。

问：我每天必须花一定的时间来交易吗？

答：不用，每天交易的变化取决于你所持有的头寸数量或者你每天分析的市场数量，每天花的时间真的不会超过 30 分钟。如果你花整晚在电脑面前，那你就错了。

问：我需要不止一台电脑进行交易吗？

答：不，你只需一台包含你的软件程序和数据的电脑就可以了。你需要从网络上下载你每天的数据。

问：我必须整天盯着屏幕以交易成功吗？

答：绝对不用！交易所需要的只是在交易日结束的几分钟里进行分析并为第二天的行情设定好挂单。作为一个交易者，你不用注意当天发生了什么，你只需设好止损并且让市场按它预期的方式运行就可以了。

问：要运行投资者之梦软件，什么是最低配置呢？我可以把它设置在我家里的电脑和笔记本电脑上吗？

答：我们建议你使用 Windows XP 操作系统。你可以在两台电脑上安装投资者之梦软件。

问：交易有一个更好的时间周期吗？我听说日内交易是最有利可图的。

答：你交易的时间周期取决于你的个性和你喜欢的交易市场的类型。我喜欢根据每日图表进行交易。它们从长期来说，往往会产生更多的盈利，因为你能够随着趋势增加头寸规模。如果日线级别没有出现可盈利的交易信号的话，我也会进行日内交易。如果我进行日内交易的话，那么我会倾向于观察一些变化剧烈的市场的 10 分钟（时间周期）图，如股指。所有其他的市场，如外汇或谷物市场，我会看 30 分钟图。你可以使用任何你喜欢或习惯的时间周期图来进行交易；随着时间的推移，我们发现这些对我们和我们的交易者来说是最好的方式。

问：市场数据的价格很贵吗？

答：不完全是。你甚至可以在网上免费得到一些数据。然而，要取得好、快并且信誉良好的数据，你可能不得不支付一定的金额。良好的无错数据应该是一种投资而不是一项花费。

问：在你们课程中的软件提供技术支持吗？

答：是的，我们的软件提供免费的技术支持，而且我们有 Meta-Stock，TC2000，E-Signal，TradeStation 等技术分析软件为大家进行指导。如果你正在使用他们的软件和数据包，那么他们就会为我们提供技术支持。

问：你的学生的成功率是多少？

答：成功对每个人都有不同的意义。我们认为交易应该是对市场一个整体性的研究，因此我们的客户比大多数人有更多的成功。我想说，我们在经济上和情感上的成功率都在75%～85%。我把这个高成功率归因于我们的客户所受到的不断的支持。

问：一个新手通过学习，在市场上能够盈利平均需要多长时间？是要有步骤呢，还是一旦你完成了入门学习课程就可以进行交易了呢？

答：在完成入门学习课程以确保你了解交易细节之后，首先我们希望看到你的模拟交易，然后在一手合约（或一个相对少量的股票份额）的基础上开始交易。这个试验性的交易不应花费较长时间。一般客户花费几个月就交易成功了。一些人比其他人进行得快，这取决于你对这种方法理解的深度和你自己的性格。如果你是一位有经验的交易者，那么你将最有可能很快获得较大的成功；如果你在市场上是一个新手，那么你会希望有一条一到几个月的学习曲线。它可能会花较长的时间，让你体验不同的市场趋势和各种有"个性"的市场。

问：我只希望用1分钟图进行标准普尔500指数的日内交易，那么你的方法有效吗？

答：是的，有效。但我们建议你不要用低于5分钟的图进行交易。我们还建议分散投资。如果标准普尔指数图没有变化，那么会有其他图表在变化。我们喜欢寻找市场给予我们的一切机会。

问：在我的每月的投资中，我可以预期的平均回报率是多少？

答：我们的目标是每月 10% 的投资回报率（return on investment，ROI）。这样的话每年收益接近 300%（复利计算）。显然，每年 10% 的投资回报率已经比大多数交易者赚取的还要多了。然而，我们明白，我们的许多学生可以做到而且已经做到了，他们在当前的市场做得很好或者更好。

问：在过去，我使用不同的交易系统同时有一些失败的经历，什么使你们的交易系统更好呢？

答：我们的交易系统已经完全测试了几乎半个世纪以来的各种交易数据，并获得了成功。当然，我们不可能完全了解其他交易方法的所有细节，但在成功和盈利能力方面，我们愿意把我们的技术与其他任何技术做比较。在这一点上，我们的方法已经得到了验证，因此我们认为我们的方法是经过检验后的最好的交易方法。

问：如果它的效果的确这么好，那你为什么不仅仅进行交易，还要分享你的知识呢？

答：首先，我们每天都进行交易。而且我们强烈建议你不要跟随那些不愿意在你面前交易的人。我们要么是第一个，或者确定是第一个在一大群人面前进行公开交易的人。我们已经在 16 个不同的国家实时地公开展示了这种方法的盈利能力。关于市场，我们都知道的一件事是大多数人有足够的钱在市场上做得很好。经验告诉我们，如果你分享并且提供你已经学到的东西，那么它会以各种方式回馈给你，不仅仅是货币的方式。我的父亲是一名教师，喜欢帮助别人，使他们的生活变得更好。能够教导别人掌控他们的生活和他们的时间对我们来说是最好的回报。通过分享这些知识，我们持续学习和成长，这是我们作为人类最重要的事情。

问：我会在私教课程里学到什么呢？我们会做交易吗？你会交易吗？

答：在我们公司举行的为期两天的私教课程里，我们会学习那些我们在书中或者入门学习课程中没有讲授的有关市场的所有细微差别。我们做个人和心理训练来判定你潜在的结构和当前能激励你的东西——我们如何可以更好地与市场协调，正在使用的新信号和亲身实践的交易。本教程对我们来说，是更好地了解你的较好的方法，它允许我们在一个持续的环境中给你更多的帮助。一旦我们了解了你潜在的结构和信念系统，我们就可以更好地指导你如何成为成功的交易者，如何实现你经济上的目标。

问：入门学习课程教我的那些没有从你的书上学到的是什么？

答：我们所写的三本书，会让你对我们如何交易和交易什么有一个巨大的洞察力，但大多数人觉得他们不能只从一本书中学会交易。书籍不是学习交易的唯一途径，音频、视频、互相讨论以及书面文字等这些都可以给予交易者进一步帮助，当然也包括我们从专业的角度给出的建议。能够从你试图学习的别人的经验中得到反馈对一个交易者来说是非常重要的，特别是新手。另外，跟那些正在用这种方法创造巨额盈利的人进行交谈通常很鼓舞人心。我们的课程中还包括软件和一些问题的互动图表，以确保你在学到下一部分之前能理解原材料。我们可以帮助你进行你的第一次交易，判定在何处设置止损，甚至在哪些市场进行交易。你在刚刚踏上交易之路时所能得到的帮助越多越好。这就是你的未来和你的潜在盈利！

问：我过去只交易过股票，交易商品期货有什么困难的地方呢？

答：一旦你掌握了规律，期货交易也并不难！交易商品与交易股票有一些差异，但我更喜欢在商品交易中利用杠杆比率。你有大约 50：1 的比率，这是相当不错的，因为它还可以让你用很少的钱赚取更多的盈利。很多人认为交易商品的风险比股票大，但我们并不这么认为。

问：在商品市场比在股票市场有更多的机会吗？

答：理论上有。随着杠杆效率和基于真正动力的持续运行，期货市场有无尽的可能性。我们在商品市场上发现，它是一个更公平的竞争领域。我的意思是，这需要更多的资金来推动市场运行。由于商品市场的杠杆优势，股票市场的魅力下降。你知道可以用更少的钱赚取更多的盈利，这使得期货市场对一些交易者更有吸引力。

问：你从事交易多少年了？

答：比尔积极从事日内交易已经超过 45 年，他从事投资已经不止 50 年了。我（贾丝廷）从事交易将近 10 年了。

问：我应该依靠我的经纪商来追踪交易吗？

答：不，那不是他们的责任。你必须记录你的交易和头寸额度。你应该检查你的经纪商的信息，以确保你能得到精确的信息。经纪商也会犯错。你的经纪商只会在你要追加保证金时告诉你。有许多不同类型的经纪商；如果你需要帮助的话，你要为一位全面服务的经纪商而支付更多的钱。在这本书中学习了很多资料之后，你应该不需要为全面服务的经纪商而支付更多。你应该从每次趋势中或每股中寻找最好的价格，使其能在你下单时给你最优质的服务。随着你交易的次数越来越多，你将能够争取更低的佣金。

问：一个盈利的交易者的平均盈亏比率是多少？

答：不同的交易者以及不同的交易的盈亏比都是不同的。重要的是我们有一条持续盈利的账户资金曲线。有时候我们也许有很多亏损的交易，但是我们可获利的交易如此巨大以至于盈利持续累积。要迅速止损出场并让你可获利的交易继续运行以使你的账户资金一直增加。

问：对于每笔交易的风险比例，你有一个公式的吗？还是它只适用于你所从事的交易？

答：不，我们没有。我们的经验原则是，在任何时间都不要用掉你账户资金的一半，这将确保，如果事情与我们预期的相反，我们的账户仍有一半的资金用于交易。虽然我们从未让它发生，但它是一个安全预防措施。我们更喜欢单独与那些以账户规模和目标为基础的客户共事。如果你以亏损百分比为基础设置保护措施，那么你不是在**交易**市场，你是在交易你的钱包或你的银行账户，这与市场或市场中发生的事情完全无关。

问：在完成了入门学习课程之后，我是否需要参加私教课程？该课程需要多少天？

答：参加我们的私教课程对你们的学习是一个很好的补充，在私教课程里，你能够看我们做交易并有亲身实践的经历，这很重要。除了只能根据图表做交易以外，我们还可以做其他事情。举例来说，如果你正在寻找艾略特波浪理论的帮助，那么亲身实践是最好的选择。

问：你教授私教课程多久了？有多少学生参加？

答：我们一个月教授一次，一个班有四个学生。这使我们在这两天里可以以2:1的比例强化教学。

问：如果我觉得我从一对一的培训中比在教室环境中更能获益，那可以吗？

答：我们的许多客户喜欢一对一，而且我们会满足这样的要求，不管是在我们的办公场所还是他们的。有些人选择在他们的办公场所，在那里他们有自己的电脑和舒适度。为了有助于我们的交易者成功，我们在教学上有很大的灵活度。

问：根据你的经验，一个好的并且成功的交易者具备哪些品质？

答：耐心、稳定、积极、奉献精神，而且最重要的是，做到内心和谐与快乐。这些品质有助于你成为最好的交易者。然而，你要培养的最重要的特质是能够在事情"真的是那样时"看清现实，而不是你希望它是什么样的。能够脱离你主观的观点是你获得长期成功的先决条件。

问：当以前一个经历了巨大亏损的新手向你寻求帮助时，你能帮助他克服恐惧并再次交易吗？

答：我们可以，我们也会提供帮助，但那是很困难的。一个人在他能再次成功之前，必须有能力度过亏损并继续前进。我们的心理帮助是这次成功的关键。另外一个重要的因素是再次建立自信。我们宁愿采取一些较小的步骤进入交易领域。在重建自信阶段，我们要采取渐进式的步骤来获得每一次成功。记住一句老话，"跌倒之后再爬起来"。

问：你认为交易亏损的最大原因是什么？

答：很简单——**自负**！我们的自负是我们在市场上最大的敌人。它能让你每次都产生亏损。

问：如果要你给每个交易者一条建议，是什么？

答：显然，重新阅读一下这本书并特别关注本书中第 1 章讲到的市场铁律。要意识到市场并不像电视和报纸上所说的那样。市场是一个情绪化的能量交换场所，而且能量最终是以金钱（盈利／亏损）的形式表现的。很明显，下一步是了解市场真正的面目，然后**去适应它**，生活就是生活，不是说说而已，也不要害怕。

交易时如何控制你的思想

交易者 / 投资者的自主训练

（**注意**：本书中的这部分是由艾伦·威廉斯（Ellen Williams）撰写的，她是一名心理治疗医生，有几十年为交易者和投资者进行咨询和治疗的经验。她曾为世界上的一些最有经验的交易者工作，也为那些刚开始交易的初学者提供帮助。在这篇附录中，她和我们分享了一个非常有效的技巧，这个技巧将帮助交易者和投资者在交易时控制紧张情绪。）

当今的生活高度紧张。我们在看电视或者阅读杂志和报纸时，经常看到各种报道宣称我们工作时间过长，背负了过多的职责，并且很多人都忍受着由压力引起的各种疾病。同时这些报道也告诉我们应该去锻炼、度假、服用药物、做瑜伽、进行体育运动，或者坐下来，通过冥想来厘清自己的思想。

大部分交易者是 A 型人格，这意味着他们用完成一项任务的方式来处理压力问题：他们参加体育运动或者放松活动，并且希望通过一个小时运动来缓解自己的压力。但通常这样的结果是，压力会越来越大，而用来放松的时间会越来越少。想想这对那些已经饱受压力折磨的人们来说会产生什么样的影响？他们努力地排解压力，但其他问题却出现了，例如睡眠问题和暴饮暴食。

这种情况一再出现，因此为交易者设计一个简单、容易学习的放松技巧就成为一致性获利小组或所有交易者 / 投资者的目标。你最重要的财富——你的大脑是你身体中最没有被充分利用的器官。这 3 磅重的物质是中心控制区域。这个器官让我们在生活中学习、热爱、欢笑、唱歌、计划、创造秩序，并且感知情绪的高度和深度。但是，包裹在头骨这个牢笼里，我们并没有给这个脆弱的神经元、细胞、血液和大脑问题的集合足够的重视。我们的中心控制系统由娇嫩的皮肤、脆弱的骨头、脉动的血液和活跃的神经组成，它们与我们的心脏和肺很好地协调在一起，这样我们就有能力活 100 年甚至更长的时间。这个神经系统比任何其他哺乳动物都要复杂，似乎只有我们知道自己是有限的。

我们的思想能够构想和形成最复杂的工业、艺术和商业计划，但对于自己的幸福我们给予了多少关注呢？在我们花费时间去经营自己的工作、婚姻、家庭和社会责任的同时，也抽出时间去锻炼、放松，去享受生活。但这些行为都过于刻意、过于频繁，因此我们的神经系统负担过重，最终的结果是我们依然找不到内心的平静。

在欧洲，约翰尼斯·舒尔茨（Johannes H. Schulz）医生发明了一种深度放松方法，叫作**自主训练**（autogenic training，AT）。自问世以来，这种方法就备受欧洲的各大诊所、医院医生的推崇。这种方法使成千上万人的头痛、消化障碍、过度紧张、失眠或其他很多心理问题得到了缓解，甚至有些人发现它在戒烟戒酒方面也有显著的功效。

人们发现 AT 对于身体健康的人群也有很大的益处。因为 AT 是一种自然的放松技巧，学会使用 AT 会使人感到平静。这个方法是由多年可靠的医学研究发展提炼而成。数百万有过精神压力的人已经尝试瑜伽和其他无数种冥想技巧，但他们仍然在寻找一种简单、可靠的方式获取健康和幸福。自主训练为交易者提供一种快速、有效率，更重要的是有效果的方式，使他们在交易的快节奏环境中能够保持平静的态度。

在各种思想同时涌入脑海时，我们往往会感到不知所措。我们应该做些什么呢？去上课，参加健身俱乐部，做做 SPA 或者学习冥想？这不是僧侣几十年在平静的环境中所做的事情吗？难道他们不是一整天坐上几个小时？在我们花费时间用来谋生、处理人际关系、满足家庭需求，还有最重要的，满足自我欲望的同时，怎样才能实现我们的梦想，挖掘自己最大的潜能呢？

如果你知道一个每天两次，每次 10 分钟的训练可以为你带来财富，可以帮助你减轻焦虑和压力，你会怎么做呢？你会愿意用 6 周的时间来尝试这个训练吗？交易者开始寻找放松减压的方法时，他们愿意尝试一些不同的方法。大多数一致性获利法的客户都对能控制自己压力的新方法充满兴趣。

马蒂是我们的一个新客户，他正在做出一次大的生活改变。马蒂知道如何交易债券；毕竟，他已经与芝加哥债券打了 9 年的交道了。在这个"高压锅"里待 9 年是很长一段时间了。

马蒂的父亲去世的时候，他继承了大笔的财产，因此他有足够的钱还清房贷和车贷。他离开债券交易所，在自己家里进行交易。马蒂的妻子卡罗尔还有着自己的工作。他的孩子们在上高中，因此马蒂有一个理想的交易环境：没有喧闹，一切都很舒适的家。

但是马蒂不能很好地安睡。他要去睡觉的时候会觉很累，或许只是他认为自己很累，但只要他的头碰到枕头，思想就开始搅动。卡罗尔把这称为仓鼠转轮式的大脑运动。一圈又一圈，减速一点，不，又开始转了。马蒂回顾他进行的每一笔交易还有和交易相关的一些可能的错误决定。任何亏损都会让他立刻离场。是止损太紧了吗？是因为市场消息的原因吗？他在卖出时到底是怎么想的？他需要做的一切就是再坚持半个小时，如果这样做的话他将有一个不错的盈利。

马蒂需要睡觉，他渴望休息。他尝试了很多方法，在睡前洗热水澡，晚上9:00 之后不看电视和吃一些帮助睡眠的非处方药物。最终他还是去看了医生，开了一些安眠药。但这一切都没有效果——安眠药使他感到如此不适以至于第二天交易时他无法相信或坚持自己的分析和判断。随后，他开始做按摩。按摩的确帮助他放松了肩部和背部的肌肉，但即便如此，在最好的情况下他一晚上仍然只能睡 3 个小时。

马蒂来我的办公室拜访时，他看起来很绝望。我们谈论起他的交易，还有使他焦虑的最近几次亏损和他的睡眠情况。他对自己所进行的交易感到紧张，因此无法安睡，但他还是一直在进行交易。交易就是他的全部，他的自我价值、他的男性自信来源。多年来交易就是他职业，他的一切。

芭芭拉的故事有些不同，但也与金融市场有关。她在一家国际银行工作，分析外汇市场。芭芭拉能够睡觉；她享受着自己的深度睡眠，但使她的手出汗和呼吸急促的是向主管汇报每日工作。随后，她逐渐发展成紧张性咳嗽。芭芭拉知道如果没有克服自己的问题，她的职场生涯将受到重大影响。她有能力、受过足够的教育，她知道如果自己得到升职的话就要面对更多公共演讲的机会。

芭芭拉和马蒂都表明，他们不想进行治疗，也不愿意服用药物。马蒂认为安眠药干扰了他的交易分析。芭芭拉甚至不喜欢服用一片阿司匹林。他们都需要一种方式去抚平自己的神经系统，减少焦虑或紧张情绪，增强自信心。

他们都开始进行一个每天两次的简单训练。自主训练是由 AT 学生自己诱导的一种催眠术。懂得催眠术对自主神经系统的效果很重要。神经系统被分为两个部分，中枢神经系统（central nervous system），它在意志的控制之下，和自主神经系统（autonomic nervous system，ANS），它不受意志的控制。中枢神经系统影响我们的注意力和随意肌（voluntary muscle）的收缩频率。自主神经系统又被分为两个系统，交感神经（sympathetic）和副交感神经（parasympathetic）。我们感知到危险或者恐惧时，交感神经系统使我们产生反应，例如快速的心跳，这使得氧和糖被注入肌肉中。我们的视觉和听觉变得敏锐，我们的呼吸会加快，因此更多的氧气被传送到血液之中，因此我们可能会发颤。

原始人在危险的反应和安全的反应中交替，因此他们既可以打猎和战斗，也能够在安全的地方睡觉、吃东西和放松。和催眠状态相关的 ANS 神经是很重要的。一旦一个人掌握了 AT 技巧，那么他就可以将自己调至平静、镇定和放松的模式。AT 学生可以很轻易地学会如何改变自己对主观经验的物质环境和自律功能控制程度的看法。

AT 训练的目标是使人处在轻微恍惚状态的催眠状态。这种状态将导致骨骼肌的放松和增加腿部、手部和脚部的血液流动，使血液更加平稳地在身体内分布，这时人就会有一种愉快温暖的感觉。

这个训练每天做两次：在清晨做 10 分钟，还有一次在下午晚些时候或者晚上任意时间。大多数人用定时器和手表闹铃来确保只做 10 分钟训练。最初，学生们通过关掉电话，放置请勿打扰的标示牌等方法，让周围其他人知道这个时间是他们用来进行 10 分钟锻炼的时间。下面的准备工作对一个好的训练来说至关重要。如果人们认为他们很难抽出时间做这个每次 10 分钟，一天两次的训练，那么这本身就是他们确实需要这个训练的信号。

为训练 AT 做好准备：

（1）放置请勿打扰标示牌；

（2）关掉电话；

（3）拿一个轻的毯子或枕头（如果需要的话）；

（4）提醒自己记得回归；

（5）设置定时器；

（6）记得这句话，"我很平静"。

　　做 AT 训练时你可以躺在结实的表面上，或者坐在椅子上。确保自己不会被打扰之后，躺下，同时告诉自己"我很平静"，然后开始自己的训练。首先你应该学会做所谓的**"回归动作"**，这将确保你意识到自己在做这种深度放松的训练。做回归动作时你应躺在地板上或床上或坐在椅子上，握紧拳头，把胳膊举到头上，旋转手腕，然后用力地抖动胳膊。如果躺下的话，你要保护好你的腰背部，转到一边，同时将背部直立。如果 AT 学生忘记了做回归动作，他们也许会发现 10 分钟训练之后自己又困又累。我们在训练之前说："记住回归动作。"仅仅是为了确保我们记得在训练结束后要做这个。这种回归动作要做至少两次或三次。

　　第一节课包括一句话："我的右胳膊很沉重。"默默地重复三次。左撇子的人们把这句话改成"我的左胳膊很沉重"。这句话能够促进横纹肌的放松。如果你的思想还在不断进行思考和计划，你只需要简单地、一遍又一遍地重复这句话。肌肉放松，关节放松，并且你将有一种深深的沉重的感觉。之后，提醒自己做回归动作以便确保你在体验深度放松之后能迅速恢复精神。

　　芭芭拉在经过几天的训练之后打来电话，说她有一种漂浮的感觉，她想知道是否这就是预期的结果。漂浮意味着你已经放松了肌肉的紧张，已经进入了轻微的自我诱导的恍惚状态。

　　马蒂的反应不同。在起初两天，他不能一动不动躺 10 分钟。他打电话和我说他感到腿部有些紧张。马蒂说："我很紧张，我感觉我的膝盖处不舒服。"他在膝盖下放了一个卷起的枕头，随后发现自己能坚持 10 分钟了。在第 4 天的时候，他打电话说自己确实可以睡着了。

　　芭芭拉和马蒂都实现了自己的目标，在第 1 周的末尾他们都从头到脚有了一种沉重感。他们两人的沉重感不同，一个觉得好像自己在漂浮，而另一个人似乎要睡着。通常，人们首先会感觉腿上或者胳膊上出现沉重感，但坚持这个训练，最后你就感觉到全身性的沉重感。

沉重感是一种主观感觉，很多学生都宣称说他们感觉很轻，认为自己没有取得预期的效果。随着AT训练产生放松进一步加强，肌肉的紧张度开始减小，导致关节处也出现舒缓感，你的感觉器官会告诉你它们有一种柔顺的感觉。但是，轻意味着紧张开始消逝，因此有些学生会感觉到轻盈，这也达到了他们训练的目标。往往，沉重的感觉会首先出现在另一只胳膊上，身体躯干上或者腿上。

第二周训练时，我们要告诉自己第二句话："我的右手很温暖。"当然带来身体上的沉重感的第一句话也不能忘记。在这种温暖和沉重感的双重作用下，一些交易者宣称觉得自己的手好像很肿胀。手部比身体的其他部位有更多感应温暖的组织，因此通常你会首先察觉手部出现温暖的感觉。这种温暖的感觉会使你觉得外部环境很舒适，因此你会感觉到平和。事实上这种感觉也能改善你的身体健康状况。

我们期望你能在一周内实际掌握这两种方法。一些人也许会进展快一些，而一些人会更慢些。对于那些能较快察觉到沉重感和温暖的人来说，他们应该仍然每周坚持这个训练，直到完成6周的训练。对于那些需要更多时间才能做到这一点的人来说，不要担心，继续坚持训练一到两周将有助于把这个训练深留在记忆中。

正如第一节课的内容有益于放松身体的肌肉系统一样，第二句关于温暖的话语也有益于你的循环系统。每一个训练都应以同样的方式开始和结束。这两句简单的短语产生了有益的结果。它们能帮助学生减少压力，也为我们展示了我们有能力通过放松肌肉和增加循环来改善自己的心理和身体健康。

马蒂仍然有一些睡眠问题，因此我建议他在睡觉或者在夜晚无故从睡眠中醒来时（不是由于闹钟或是由于做了回归动作而醒来），进行第一项训练，一天做两次训练，通过回归动作从深度放松的状态中回来，了解到回归动作会把学生带回清醒状态，这是很重要的。对于这些有睡眠问题的人来说，第一项训练是一个极好的睡眠辅助训练。如果通过 AT 训练入睡，你就**不需要**在做动作之前提醒自己你需要回归。在寒冷的气候中，学生们需要使用沉重和温暖两项训练来进行睡眠诱导。如果这是一个温暖的夜晚，那么仅仅使用"我的右胳膊很沉重"这一项训练即可。

芭芭拉害怕给出自己的定期进度报告。她走进办公室，手心出汗，尝试着我对她的建议，对自己说："我很平静。"然后让紧张的肩膀和脖子经历一种沉重感。到她开始讲话的时候，她已经能够控制自己的声音，并使自己的声音没有那么颤抖。虽然她的声音不高，尽管她的手心依旧出汗，但她已经能够完成自己的报告，而不像此前那样感到随时可能昏倒。

马蒂也能睡得更好，在交易的前一天晚上为他的进场、出场和止损做了更详尽的计划。他使用"感到沉重"的方法入睡，他也清楚地认识到自己已经为第二天的交易做好了安排。每当他在白天觉得有压力的时候，他就躺下做 10 分钟的减压训练。

这些简单的技巧实际上只需要非常少的时间，但它为交易者 / 投资者提供了几个小时的平和与宁静。芭芭拉和马蒂都继续学习了下面 4 个训练技巧，这些技巧将帮助你平复你的中枢神经系统，帮助你更好地控制你的呼吸和脉搏。之后，他们开始其他几句话"我的呼吸是平静和有规律的"。最后的两句话有助于你制定决策，它们是"我的心口（太阳神经丛（solar plexus））正在变暖"，和最后一句"我的前额很凉"。

仔细思考这最后两句话可以为你带来什么样的效果。通过安静地说"冷静头脑，温暖中心"这两句短语可以使你感受到中心温暖（心口变暖）和头脑冷静（前额很凉），因此你可以在有压力的环境内依然充满热情并保持冷静，同时你

可以在任何你需要的时候做这个训练，它并不难，是吧？在合气道（Aikido）[⊖]
和其他的东方哲学中，太阳神经丛部位通常被称为 Hara（上腹部），这个位置
被认为是人体平衡和掌控的一个中心点。交易者通过 AT 训练来控制情绪，在
计划自己的交易时就有真正的优势。

　　杰夫是一个很好的交易者，他赚了钱，没有太多担心市场，并且还参加网
球比赛。他在肩部受伤后开始 AT 训练；他想尝试能帮助治愈的任何事情。杰
夫一周做 3 次物理治疗，每天做 4 次 AT 训练。在很短的时间内，他的治疗师
看到了杰夫身体上全方位的改善。在 6 周 AT 训练的最后，杰夫告诉我他没有
意识到在蓄积肩膀和背部力量的时候有多么紧张。在学习阶段，杰夫的左肘和
左手腕要放到舒适的位置很有困难。他把一块小的卷起的毛巾放在左边的手腕
下面，让胳膊毫不费劲地休息。

　　偶尔，下背部疼痛的这些人需要在膝盖下放一个枕头。如果枕头没有用，
坐在椅子上做 AT 训练是最好的解决方法。在疗养院，我们坐着进行 AT 训练。
对于那些骨骼和脖子肌肉虚弱的人来说，也许可以用一个枕头在头部后面支
撑着。

　　各个年龄段的人，包括各种有情绪问题和各种身体有状况的人都成功地从
AT 训练中受益。我的结论是，AT 训练很简单，虽然人类本身过度复杂化地看
待或处理问题，但多数时候，简单的才是最有效的。孩子们喜爱 AT 训练，他
们没有过度复杂化，没有受到它的阻碍。

　　但人们找我谈论的一些问题是很有趣的。最常见的就是，有些人说他们
在做训练时睡着了，但在 10 分钟之后又醒来了，那么他们真的睡着了吗？事

　　⊖　合气道是日本一种以巧制胜的武术，是一种根源于日本大东流合气柔术的近代武术，主要特点
　　　　是"以柔克刚""借劲使力""不主动攻击"。现在一般所称的合气道又分为日本与韩国两种流派，
　　　　彼此在各自发展之下已有一些差异。据传它源自中国的八卦掌和太极拳。——译者注

实上他们处在轻度恍惚状态，这是一种如此放松的感觉，以至于人们把它和睡觉混淆。还有，在重复告诉自己"我的右胳膊很沉重"这句话，或者 6 句话中的其他一句时，他们的思想变得更安静。将思想集中于一句话，然后"感到沉重"的感觉能使自己的精神更加集中，摆脱"心猿"（monkey mind）状态。

心猿，一些禅宗大师喜欢这样称呼它，对于那些渴望睡觉，但一躺下就思绪万端的人来说这个词的含义不言而喻。那些面临困境或者被生活中或失败的交易所打击折磨的人们心中就住着一只心猿。在你的思绪停止时，不自觉从心底浮现出各种念头或想法，你无法控制出现什么样的念头，甚至你无法停下这些念头，这就是心猿。

这听起来颇令人沮丧，但我们可以采用 AT 训练来摆脱这些强迫性的思维定式。每天进行两次 AT 训练可以帮助我们放松，当我们确实需要自我减压时，我们可以进行所有的 6 种训练，也可以根据目前状况挑选最适合的那一个。自主训练比数绵羊要有效得多。

杰夫认为 AT 训练使他的思维从整日忙于计划各种事物和各种忧虑之中脱离出来，这帮助他重返网球场，赢得了受伤之后的第一个双打比赛的冠军。杰夫每天早晨都做 AT 训练，6 个月的训练之后，他甚至请求我帮助他形成一种适用于他的网球比赛的训练方案或训练短语。

进阶 AT 训练旨在根据个人实际情况帮助你形成创造性的思维。在这需要提醒一下，一套完整的进阶 AT 训练方案的形成最少需要 3 个月的时间，因为我们必须了解你的实际情况，也希望你能深刻理解每一句短语，以便达到最好的训练效果。我的建议是在进行进阶 AT 训练之前，你首先应进行 6 个月的普通 AT 训练，但在某些时候，的确也有例外，有时也需要一些特别的短语或内容。这个进阶训练的内容涉及观察色彩，用"心眼"看到（感知到）漂浮的物体，感知"渴望"的情绪状态，视觉化训练和寻找问题的答案。

　　杰夫希望自己能在网球场上有完美的发挥。带有这样的思想包袱进行比赛是很困难的，因此我们首先将注意力放在杰夫的胳膊和肩部的动作和范围上。达到放松的状态之后，杰夫增加了色彩感知的训练。杰夫在脑海中想象着自己处在一张大的、充满各种色彩的运动场上，然后加上一句新短语"我的肩部自由而强大"的暗示，最终的结果就是强力的击球和看着网球在球场飞跃。

　　连续的训练已经显示出 AT 对杰夫比赛的帮助。他已经不再那么紧张，同时赢得了重要的比赛。芭芭拉仍然和她对演讲的恐惧做斗争，但经过 AT 训练之后，她可以完成自己的工作，同时手掌心不再流汗，也没有其他紧张的迹象。她在公司的职位已经提升，并且继续使用 AT 训练。马蒂现在睡得很好，正在赚钱，而且花更多的时间和家人待在一起。他现在计划着开设一个网上市场时事通信，因为他有了更多的闲暇时间。

　　我们经常收到来自不同交易者的反馈，他们说 AT 训练为他们的交易提供了帮助，并且大大地改善了他们的自我认知，这对交易成功来说也至关重要。AT 训练、早间记录和定期和内在交易者约会（定期审视自己的心灵）这三种方法都能帮助新手和有经验的交易者实现他们的人生目标。一致性获利法的客户将免费获赠 AT 训练的盒式磁带，也可以联系创利交易集团寻求帮助。如果你在 AT 训练上有困难，随时可以通过 ellen@profitunity.com 与我联系。